흔들리는 촛불

흔들리는 촛불

제1판 제1쇄 발행일 2019년 10월 24일

글_ 손석춘
기획_ 책도둑(박정훈, 박정식, 김민호)
디자인_ 정하연
펴낸이_ 김은지
펴낸곳_ 철수와영희
등록번호_ 제319-2005-42호
주소_ 서울시 마포구 월드컵로 65, 302호(망원동, 양경회관)
전화_ (02)332-0815
팩스_ (02)6091-0815
전자우편_ chulsu815@hanmail.net

ISBN 979-11-88215-34-8 43300

철수와영희 출판사는 '어린이' 철수와 영희, '어른' 철수와 영희에게
도움 되는 책을 펴내기 위해 노력하고 있습니다.

흔들리는 촛불

손석춘 칼럼집

철수와영희

저널리즘 글쓰기의
생명

우리 현대사에서 2010년대는 어떤 시대일까요? 그 물음을 던지는 까닭은 지나온 10년을 되돌아보자는 뜻만은 아닙니다. 2020년대를 새롭게 열어갈 힘을 찾고 싶어서입니다.

여러 시각으로 볼 수 있겠지만, 저는 훗날 역사가들이 2010년대의 열쇳말을 '촛불혁명'으로 꼽으리라 확신합니다. 촛불혁명은 대한민국이 일군 세계사적 사건입니다.

이 책은 그 2010년대를 증언하는 칼럼들을 담았습니다. 신문사 논설위원을 마치고 대학에서 저널리즘 강의를 시작한 2011년부터 2019년까지 4주에 한 번씩 고정 칼럼을 썼습니다.

미리 밝히거니와 제가 쓴 칼럼은 부드럽지 않습니다. 다만 저널리즘의 생명인 진실과 공정, 권력 감시에 기반을 두었다고 감히 자부할 수 있습니다.

촛불을 낳은 2010년대의 대한민국은 실제로 부드러움과는 거리가 먼 살풍경이었습니다. 권력과 자본의 탐욕이 국민 대다수인 민중의 삶에 깊은 주름살을 패게 했습니다. 그들의 문제점을 비판하면서도 저널리즘 글쓰기의 원칙을 따랐습니다. 학생들을 저널리스트로 키우는 저널리즘 교수로서 특정 정파나 이데올로기에 치우친 언론 활동을 펼수는 없었고 그럴 뜻도 없었습니다.

인터넷이 열어놓은 새로운 커뮤니케이션 시대에 저널리즘은 더 이상 신문사나 방송사에 몸담은 사람들의 독점물이 아닙니다. 모든 사람이 언론인으로 활동하고 있습니다.

자신의 생각이나 의견을 표현해 사람들과 나누는 것이 넓은 의미의 저널리즘입니다. 블로그, 페이스북, 트위터,

카카오톡 들에서 지금 많은 네티즌이 하고 있는 행위가 바로 언론 활동입니다.

따라서 모든 사람이 저널리즘의 기본 원칙만은 인식할 필요가 있습니다. 출판의 새로운 지평을 열어가는 '철수와 영희'에서 출간한 『민중언론학의 논리』가 저널리즘의 원칙을 학문적으로 밝힌 책이라면, 이 책은 그 원칙을 실천한 칼럼 모음입이다.

적잖은 이들이 제 글을 진보적이라고 평하지만, 진실로 저는 그렇게 생각하지 않습니다. 현직 언론인으로 활동할 때도 그랬고 언론학 교수로 칼럼을 쓰면서도 저널리즘 글쓰기의 생명은 진실과 공정, 권력 감시임을 언제나 염두에 두었습니다. 『민중언론학의 논리』에서 논리적으로 규명했듯이 공정은 기계적 균형이 아니라 목소리 없는 사람들의 목소리, 사회적 약자를 대변함으로써 구현됩니다.

2010년대 내내 기명 칼럼 지면을 준 〈미디어오늘〉 편집진과 100여 편의 칼럼 가운데 엄선해서 편집해준 '철수와 영희'에 고마움을 전합니다. 모쪼록 이 책 『흔들리는 촛불』이 이미 언론 활동을 펴나가고 있는 네티즌 스스로 '저널리즘 글쓰기'를 짚어볼 때 조그마한 도움이라도 드릴 수 있다면 더 바랄 게 없겠습니다.

2019년 10월

손석춘

차
례

1부
───
저
널
리
즘
의

추
락

2부

악마와 민중 사이

4부

어둠과 촛불

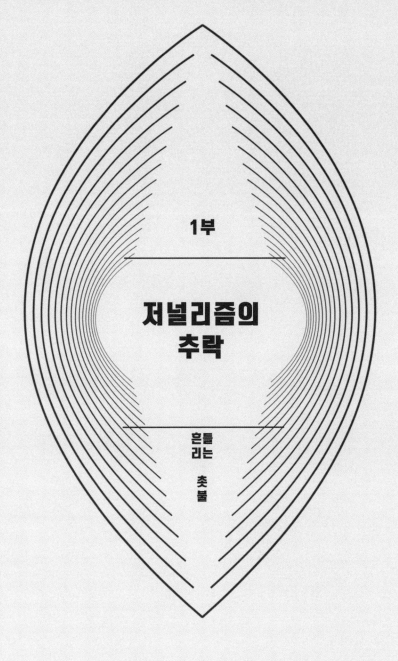

1부

저널리즘의
추락

흔들
리는

촛
불

동일방직 야만과
언론의 만행

똥물을 먹였다. 옹근 33년 전 오늘이다. 1978년 2월 21일은 동일방직의 노동조합 선거 날이었다. 스무 살 안팎의 청순한 여성 노동자들은 대의원을 뽑으려고 곰비임비 모여들었다.

그 순간, 어깨 벌어진 사내들이 악취를 풍기며 살천스레 다가왔다. 손에 고무장갑을 낀 그들은 여성 노동자들의 맑은 얼굴과 몸에 서슴없이 똥오줌을 퍼부었다. 한 여성 노동자가 진저리치며 절규했다.

"너희도 인간이냐?"

불량기 가득한 그들은 그 여성에게 몰려가 똥오줌 가득

한 양동이를 뒤집어 씌웠다. "건방진 년, 입 닥쳐!" 곧이어 주먹과 발길질이 쏟아졌다.

그 엽기적 야만이 벌어지는 현장엔 당사자만 있지 않았다. 동일방직 사무직 직원들은 물론, 정사복 경찰이 지켜보고 있었다. 심지어 한국노총 섬유노조 본부에서 나온 노조 간부도 버젓이 '참관'하고 있었다.

참으로 생게망게한 일이었다. 경찰은 물론 상급 노조 간부조차 "말려달라"고 울부짖는 노동자들에게 합창으로 퍼부었다.

"야! 이 쌍년들아! 가만있어."

독자에게 양해를 구한다. 그 처절한 순간을 에둘러 표현하고 싶지 않다. 있는 그대로 증언하고 싶다. 섬유노조 소속의 '조직 행동대'란 이름의 깡패들은 노조 사무실을 아예 점거했다 .

경찰이 수수방관한 이유는 있다. 당시 '나는 새도 떨어뜨린다'는 중앙정보부가 똥물 투척의 배후였기 때문이다. 충격으로 50여 명이 졸도하고 14명은 병원으로 실려 갔다. 1명은 정신분열 증세로 6달 넘도록 정신병원에서 치료받아야 했다.

그럼에도 경찰은 똥물로 범벅된 여성 노동자들을 줄줄이 연행했다. 무엇보다 이해할 수 없는 것은 언론이었다. 어떤 신문도 방송도 그 야만을 보도하지 않았다. 물론, 여성 노동자들은 '먹물'들처럼 쉬 굴복하진 않았다. 곳곳에서 "우리는 똥을 먹고 살 수 없다"며 애면글면 시위를 벌였다. 언론은, 기자들은 죄다 침묵했다. 더는 참을 수 없었던 여성 노동자들이 마침내 한 방송사를 찾아가 방송국장 면담을 요청했을 때다.

"배우지 못한 것들이 감히 여기가 어디라고 생각하느냐?"

기자들이 내뱉은 말이다. '기자'들은 여성 노동자들을 개 쫓듯 내몰았다.

그로부터 33년이 흘렀다. 대한민국은 바뀌었다. 박정희 정권처럼 여성 노동자들에게 똥물 퍼 먹이는 공작을 이명박 정권조차 감히 벌일 수 없다. 내놓고 똥물 뿌릴 기업인도 더는 없다. 상급 노동조합도 바뀌었다.

하지만 바뀌지 않은 게 있다. 누구일까. 바로 언론이다. 〈조선일보〉〈중앙일보〉〈동아일보〉다. 〈조선일보〉와 〈중앙일보〉는 그 야만을 바꿔온 사람들에게 줄곧 '마녀 사냥'을 했다. 그나마 목소리를 내던 〈동아일보〉조차 1990년대

들어 사냥에 가세했다. '늦게 배운 도둑질'로 요즘은 한술
더 뜬다.

보라. 삼성의 전자제품 공장에서 일하다 백혈병·림프종
따위의 희귀 질환에 걸려 숨진 노동자가 공식 집계로만 15
명에 이른다. 희귀병으로 고통받고 있는 노동자는 89명이
다. 자살자도 많다. 2011년 들어서도 두 달 동안 삼성전자
에서 두 명의 젊은 노동자가 목숨을 끊었다.

생때같은 아들을 잃은 아버지는 아들이 "3교대 근무라
지만 8시간 일하는 게 아니라 14시간, 15시간 일한다며 힘
들다고 했다"고 증언했다. "집에 왔는데 발부터 다리까지
피부 껍질이 다 벗겨져 있었다. 왜 그러느냐 물어보니 약
품 얘기를 했다"고 고발했다.

하지만 어떤가. 〈조선일보〉〈동아일보〉〈중앙일보〉는
모르쇠다. 한국방송^KBS, 문화방송^MBC, 서울방송^SBS의 저녁
'간판 뉴스'에 자살 관련 보도는 없었다. 다른 나라 기업에
서 일어나는 노동자들의 잇따른 자살은 사뭇 진지하게 부
각해 보도하는 언론이 정작 이 땅의 자칭 '세계 일류기업'
에서 일어난 참극을 모르쇠 하는 풍경을 어떻게 읽어야 할
까. 이미 나라 밖에서도 삼성전자의 행태를 고발하고 있는

상황이다.

1970년대 후반, 내 또래 동일방직 노동자들이 온 힘을 다해 싸우고 있을 때, 대학 강의실에서 철학을 배우던 나는 똥오줌을 사람에게 먹인 야만을 보도조차 하지 않는 언론인들을 도저히 이해할 수 없었다. 기자가 되어 언론을 바꾸겠다고 다짐한 이유다.

〈동아일보〉와 〈한겨레〉를 거치며 언론 개혁운동에 동참해왔지만 어느새 나는 언론사 밖에 있다. 회한이 드는 까닭은 무슨 미련 따위가 아니다. 젊은 날의 다짐에 견주어 현실이 냉엄해서다. 33년 전 그때 현직 기자로 살아가고 있던 바로 그 사람들이 지금 이 순간에도 〈조선일보〉〈중앙일보〉〈동아일보〉의 고문, 주필, 편집인, 대기자로 여전히 대한민국 언론을 좌우하고 있지 않은가. 저들이 지배하는 한국 언론을 지켜보는 심경은 고백하거니와 착잡하다.

그래서다. 젊은 언론인들의 깨끗한 눈에 충정으로 호소하고 싶다. 33년 전 시민사회는 성명서를 내어 기자들에게 물었다.

"폭도들이 여성 노동자들에게 똥물을 퍼 먹인 사실을 사실대로 보도했다 한들 아니, 똥물을 퍼 먹인 것이 나쁘다고 한마디 덧붙였다 한들 그것이 현행 법규에 어긋나는 것인가? 그 사실을 단 1단의 기사로라도 알리는 것을 금지하는 법률 또는 조치가 있단 말인가?"

다시 그 물음을 2011년 오늘의 현직 기자들에게 묻고 싶다, 독재정권도 긴급조치도 없는 지금 삼성의 야만을 보도했다 한들 어긋나는 법규가 있는가를. 아니, 정말이지 정중하게 묻고 싶다. 왜 삼성 자본의 문제점을 보도하지 않는가?

혹 변명이라도 하고 싶은가. 그래도 지금은 노동자들에게 똥물을 먹이지 않는다고?

___2011. 2. 23.

●　　한국을 대표하는 기업은 자타가 공인하듯이 삼성입니다. 그래서인지 삼성을 비판하는 칼럼을 쓰면 한국 경제에 해롭고 국익을 해친다며 눈 부라리는 '친삼성 언론'도 적지 않습니다. 과연 그럴까요. 정반대입니다. 삼성을 전혀 감시하지 않을 때 삼성은 점점 나쁜 기업으로 전락해 큰 위기를 맞을 수 있습니다. 언론이 삼성의 잘잘못을 가려야 참으로 한국의 대표 기업으로 성숙할 수 있습니다. 이 글을 쓴 2011년부터라도 언론이 삼성을 제대로 감시했다면, 2017년에 이재용은 구속되지 않았으리라고 판단합니다.

어느 기자의
선물과 눈물

'선물'과 '눈물'.

취재기자와 편집기자가 작심을 하고 만든 지면의 굵은
활자다. "인천 두 기업 엇갈린 운명"이라는 문패를 단 사회
면 머리기사(2008년 8월 2일자 11면)는 「14년 무파업 '선물'」이
라는 기사와 「7년 파업의 '눈물'」 기사를 나란히 사진과 함
께 올려놓아 지면의 극적 효과를 높였다.

맞물린 사진으로도 강조했듯이 '선물' 기사는 14년간 파
업을 하지 않은 동국제강 인천제강소는 초고속 성장으로
성과급 잔치를 벌인 반면에, '눈물' 기사는 '전기-통기타
매출 세계 1위' 기업인 콜트악기가 파업으로 공장 문을 닫

는다는 기사다.

〈동아일보〉가 사회면 머리기사로 돋보이게 편집한 지면의 의도는 또렷하다. 공연히 파업하지 말라는 '훈계'와 더불어 노동운동에 대한 살천스런 '공격'이다. 이를테면 「7년 파업의 '눈물'」 기사를 읽었을 대다수 독자는 울뚝밸이 솟을 수밖에 없다.

"노조의 강경 투쟁 때문에 직원 120여 명이 평생직장을 잃고 모두 거리로 나앉게 됐다"거나 "노조의 파업으로 생산성이 떨어져 수출 납기를 맞추지 못하는 일이 반복되자 해외 바이어들이 고개를 돌렸다"는 대목은 독자들에게 노동조합이 해도 너무했다는 인식을 심어주기 십상이다. 더구나 바로 옆에 소개된 같은 지역의 무파업 회사에서 노사가 축배를 나누는 모습은 노동운동에 대한 우리 사회의 왜곡된 시선을 한층 강화해주었을 터다.

그런데 어떤가. 콜드악기 노동자와 가족들의 가슴을 피멍들게 하고 노동운동에 혐오감을 마냥 부추겼을 그 기사를 내보낸 〈동아일보〉는 옹근 3년 만인 2011년 9월 19일자에 정정보도를 실었다.

물론 지면의 크기는 2면 하단의 1단으로 사회면 머리기사와는 비교가 되지 않는다. 아주 작은 정정보도에서 〈동아일보〉는 "콜트악기 부평공장의 폐업은 노조의 파업 때문이라기보다는 사용자 측의 생산기지 해외 이전 등의 다른 사정이 있었기 때문이고, 노조의 파업은 대부분 부분 파업이어서 회사 전체의 매출에 큰 영향을 미치지 않은 사실이 밝혀졌으므로 이를 바로잡습니다"라고 간결하게 썼다.

이 신문이 정정보도를 낸 이유는 법원 판결 때문이다. 9월 9일 서울고등법원은 "회사의 폐업을 노조의 잦은 파업 때문이라고 보도한 것은 허위로 봐야 한다"면서 정정보도와 위자료 500만 원을 판결했다. 하지만 〈동아일보〉가 다른 도리 없이 낸 짧은 정정에서 나는 그냥 지나칠 수 없는 대목을 발견했다. "사실이 밝혀졌으므로 이를 바로잡습니다"가 그것이다. 곧장 〈동아일보〉의 취재기자와 담당 데스크, 편집국장에게 묻고 싶다.

과연 그래도 좋은가. 한때는 그 신문사 앞에 '대' 자가 붙었던 〈동아일보〉가 법원의 판결로 "사실이 밝혀졌다"고 써야 했는가? 괜스레 던지는 시비가 아니다. 보라. 법원은 판결문에서 "기자가 확인할 수 있었던 콜트악기 및 관련 회사들의 자산 상황과 매출, 당기순이익 등 경영 상태에 대한 자료들만이라도 객관적으로 인용했더라면 이 기사에 나타난 오류는 쉽게 피할 수 있었을" 것이라고 밝혔다.

판결문 앞에 부끄럽지 않은가. 다시 정색을 하며 묻는다. 항소심까지 기다려야 했는가? 판결문 앞에서 결국 '사실이 밝혀졌다'고 정정보도를 냈어야 옳았는가. 누구나 쉽게 알 수 있는 사실을 〈동아일보〉 기자들은 판결이 있고 나서야 인지할 수 있었단 말인가.

그래서다. 나는 그 짧은 정정보도문에서 어떤 성찰도 읽히지 않는다. 사회면 머리기사로 콜트악기에서 쫓겨난 노동자들에게 씻을 수 없는 상처를 주었을 보도는 물론, 3년이 더 지나 '사실이 밝혀졌다'는 1단 크기 정정에서 아무런 부끄러움을 느끼지 못한다면 그것은 기자로서 양식의 문제다.

언론인으로 10여 년 넘게 칼럼을 써오며 나는 평기자들에 대해 비판을 삼가왔다. 이유는 명백했다. 언론사 내부의 구조 때문으로 이해했다. 하지만 내가 실명으로 비판해온 주필과 논설주간들이 곰비임비 재생산되는 풍경을 보며 모든 것을 구조로 이해하고 넘어갔던 과거의 잘못을 새삼 깨달았다. 실제로 노사관계에 대한 일방적 보도는 〈동아일보〉만이 아니라 한국의 거의 모든 신문과 방송에서 되풀이되고 있다.

과연 그 모든 게 구조의 문제일까? 언론사 사주나 고위 간부들이 그렇게 보도하라고 '지시'라도 했단 말인가?

명토박아 둔다. 항소심 판결 이전에 자신의 기사가 진실이 아니었음을 간파하지 못했다면, 그것은 기자로서 자질의 문제다. 알고도 항소심까지 버텼다면, 그것은 신문사 편집국 전체의 건강 문제다.

터무니없이 적은 위자료와 작은 정정보도 앞에서 나는 굳이 이름을 적시하고 싶지 않은 그 취재기자가 법원의 판결을 자신이 앞으로 걸어갈 '기자 인생'에 소중한 선물로 받아들이길, 자신의 보도에 서러움의 피눈물 쏟았을 사람들 앞에 자성의 눈물 머금길 진심으로 바란다.

세간에서 '조중동'으로 비판받는 언론사의 젊은 기자들이 진지하게 한 번쯤 자신의 글을 톺아보길 권하는 뜻에서 저 살천스런 지면의 제목을 다시 쓸쓸하게 옮긴다.

'선물'과 '눈물'.

___2011. 9. 28.

●   언론이 사회적 약자를 대변하는 것은 연민이나 동정 때문이 아닙니다. 보수와 진보를 떠나 언론의 의무입니다. 그 이유는 분명합니다. 민주주의 사회에서 모든 사람의 커뮤니케이션권, 곧 사람들과 소통할 권리는 평등해야 옳습니다. 현실적으로 정치권력이나 경제권력을 지닌 사람은 목소리가 큽니다. 목소리 없는 사람들의 목소리를 대변하는 민주적 제도가 바로 언론입니다.

한국 언론의 희망인
김 형에게

희망을 어디서 찾고 계신가요? 결례인 줄 압니다만, 김 형에게 첫 편지를 띄우면서 곧장 묻고 싶습니다. 지금 이 순간 김 형의 어깨가 너무 무겁지 않을까 우려해서입니다. 과로와 술로 젊음을 잃어가고 있는 것은 아닌지 스멀스멀 걱정이 들어서입니다.

김 형. 제가 김 형처럼 푸르렀을 때입니다. 귀밑머리 하얗게 변해가던 어느 선배를 술자리에서 처음 마주했을 때 저에게 '손 형'이라고 부르던 순간이 떠오릅니다. 마음결이 순수했던 그 선배는 불운한 기자였습니다. 제가 그 신문사를 떠나기 전까지 줄곧 저를 그렇게 불렀지요. 그때 저도 가슴에 들어온 후배가 있다면 그렇게 부르리라 새겨 두었습니다. 마침내 오늘 김 형에게 첫 편지를 띄웁니다.

지난 연말 저는 오랜만에 김중배 선배를 만났습니다. 언론계 문법에 따라 여기선 '선배'라고 쓰고 있지만, 사석에선 김 선배를 저는 '선생님'으로 존칭합니다. 군부독재의 서슬이 시퍼렇던 시절 김 선배는 저에게 희망이자 사표였지요. 세월이 흘러 어느새 여든을 앞둔 김 선배의 어법은 제가 처음 뵈었을 때처럼 반짝였습니다.

과연 한국 언론에 희망은 있는지 김 선배에게 물었지요. 선배는 단호하게 있다고 답했습니다. '도가니 사건'을 보기로 들었지요. 언론이 의제화하지 못하고 소설과 영화라는 미디어에 의제 설정을 빼앗긴 꼴이 됐지만, 저널리스트로서 자책감을 통렬히 고백한 기자의 글에 감동했다고 토로했습니다.

김 선배가 명시적으로 밝히지 않았지만 당신에게 희망을 준 그 기자는 사주의 힘이 절대적으로 지배하는 미디어에서 일하고 있습니다. 그래서겠지요. 본디 다감한 김 선배는 자책감을 쓴 그 기자가 더 훌륭하게 다가왔을 터입니다.

신문에서 기사를 읽고 직접 편지를 써서 보냈다고 하더

군요. 붓을 들어 정성들여 썼답니다. "나는 꼭 당신과 같은 기자가 있으리라 확신해왔다"고 편지를 시작했다지요.

부럽기도 해서 저는 답장이 왔느냐고 짓궂게 여쭸습니다. 뜻밖의 질문이었는지 선배는 순간 머뭇거렸지만 전혀 괜찮다는 기색으로, 오지 않았다고 밝혔습니다. 물론, 김 선배나 저나 답장을 보내지 않은 그 기자를 이해할 수 있습니다.

비슷한 예일지 모르겠습니다만, 그 이야기를 듣는 순간 떠오른 후배가 있었습니다. 서울 여의도에 자리한 한 방송사에서 일하는 언론인이지요. 아마 김 형 연배일 터입니다. 어느 날 전자우편함을 열어보니 그의 편지가 와 있었습니다. 제가 쓴 책과 칼럼을 읽고 언론인이 되었다며 정중하게 주례를 부탁했습니다.

저는 선뜻 응하고 싶었지만 곧 망설였습니다. 이명박 정권 초기였거든요. 그 방송사 사장 선임을 놓고 갈등이 크게 불거졌었지요. 그에게 답장을 보냈습니다. 기꺼이 주례를 설 수 있지만, 혹시 일터의 많은 분들이 하객으로 참여할 텐데 당신의 앞날에 공연한 장애가 될까 우려된다고 말했습니다. 며칠 뒤 다시 편지가 왔지요. 신부와 상의했는데 주례를 사양하는 저의 뜻을 존중하는 게 좋겠다고 했답니다.

김 형. 저는 그때 그가 현명한 신부를 맞았다고 생각했습니다. 지금도 그렇습니다. 다만 마음 한편은 허전했습니다. 신부가 아닌 신랑으로부터 그런 걱정은 하실 필요 없다는 답장이 오기를 은근히 기다렸거든요.

김 선배가 밝힌 희망의 근거는 더 있습니다. 〈부산일보〉가 '박근혜의 통제'로부터 벗어나려는 움직임을 보라며 6월대항쟁 이후 처음 편집권 독립을 들고 나온 신문사임을 강조했습니다. 그곳에 가보고 싶다는 말씀도 덧붙였지요. KBS의 새 노조 조합원들과 MBC 노조의 줄기찬 싸움에 대해서도 이야기를 나눴습니다.

김 형. 대선배가 지적했듯이 실제로 이 땅의 신문과 방송 곳곳에서 올곧은 언론인들이 살아 숨 쉬고 있습니다. 여든을 앞둔 선배가 곰비임비 희망을 말할 때는 어느 순간보다 힘이 넘쳤습니다. 붓으로 써서 보낸 편지에 답장을 받지 못했다는 대목에서도 아주 잠깐의 허전함이 스쳤지만 힘차게 희망의 근거를 열거해갔습니다.

지금 이 순간도 김 선배나 저에게 '도가니' 앞에서 자책감을 쓴 기자는 희망입니다. 다만 그 젊은 기자의 답장을 받았다면, 김 선배는 훨씬 더 젊어지지 않았을까요?

김 형. 현장을 떠난 제가 이런 편지를 띄워도 좋을까 몇 번이나 되짚어보았습니다. 자격이 있는지 스스로 물어보았지요. 그럼에도 편지를 띄우는 만용을 변명하고 싶습니다. 비록 더불어 일하거나 만나지는 못하지만 어쩌면 쓸쓸할지 모를 당신에게 조금이라도 힘을 드리고 싶어서입니다. 이 땅의 신문과 방송이 본연의 자리를 찾으려면 김 형의 슬기와 용기가 필요하기에 더 그렇습니다. 지금 그 자리에서 한걸음, 아니 반걸음만 더 내디뎌주기를 감히 당부드리는 까닭입니다.

희망은 어디서 찾는 게 아니라는 말을 새삼 새겨봅니다. 김 형, 새해가 밝았습니다. 더불어 만들어갑시다, 희망을.

___2012. 1. 4.

●　　　〈동아일보〉 기자가 되기 전부터 존경했던 김중배 선배와 저는 1991년 9월 사주가 부당하게 기자들의 언론 자유를 침해하고 있다고 비판했습니다. 결국 〈동아일보〉를 떠나 〈한겨레〉로 옮겼습니다. 사주는 비판했지만 젊은 기자들에 대한 믿음은 버리지 않고 있습니다. 기자 꿈을 지닌 청년들이 언론사에 들어가는 시험을 골라서 보기는 어렵습니다. 경쟁률이 높을 뿐더러 시험 볼 때 운도 작용하기에 그럴 수밖에 없습니다. 언론의 생명은 진실, 공정, 권력 감시라는 대명제 앞에 모든 기자는 하나임을 저는 믿습니다.

기자 직업과
직업기자의 의미

'직업기자'. 흔히 쓰는 표현은 아닙니다. 기자 직업이란 말을 도치해서 만든 조어지요. 21세기 들어서면서 모든 사람이 시사 문제에 글을 쓰고 소통할 수 있는 시대를 맞았습니다. 다른 직업을 가진 사람도 얼마든지 '기자'로 활동할 수 있는 상황에선 직업으로 기자 일을 하는 사람을 구별할 개념이 필요하겠지요.

김 형. 오랜만에 편지를 띄우며 '직업기자'라는 말을 들머리에 세운 이유는 최근 열린 공판에서 한 피고인의 최후 진술에 자괴감이 들어서입니다. 그날 검찰은 "피고인이 309일간이라는 장기 농성을 벌여 회사 업무를 마비시키고 회사 이미지를 실추시켰을 뿐만 아니라 불법이라도 떼를 쓰면 목적을 이룰 수 있다는 안 좋은 선례를 남겼다"며 어깨에 힘을 잔뜩 준 채 징역 1년 6월을 구형했지요.

김 형이 짐작했듯이 피고의 이름은 김진숙, 정리해고 철회를 호소하며 한진중공업 크레인에 올라 309일 내내 고공농성을 펼친 민주노총 부산본부 지도위원입니다.

직업기자들이 사설로 엄벌을 주문한 "불법 폭력사범"은 최후진술에서 노사 사이의 대화와 약속을 강조했습니다. 이어 노동조합이 경영진과 '피 말리는 교섭'을 통해 체결한 단체협약을 한진중공업이 어겨온 과거를 낱낱이 밝혔지요.

갑자기 650명을 내쫓겠다는 경영진에 맞서 2년 싸움 끝에 노사 합의를 했지만, 그 합의를 경영진이 일방적으로 번복을 한 날이었습니다. 김주익 노조위원장은 크레인에 홀로 올라 129일 동안 싸우다가 목을 맸습니다.

하지만 경영진은 모르쇠 했지요. 저들의 행태에 분노한 조합원 곽재규가 보름 만에 몸을 던졌습니다. 두 사람의 죽음으로 노사 갈등은 단숨에 해결됐지요. 임금이 오르고 식당이 새로 지어졌습니다만, 경영진의 엄살과 달리 회사는 망하지 않았고 오히려 생산성이 높아졌습니다.

김 형, 우리 함께 톺아봅시다. 고 김주익이 목을 맸을 때, 곽재규가 몸 던졌을 때, 대다수 직업기자들은 어떻게 보도했던가요? 김주익의 유서가 기억나십니까?

"이 회사에 들어온 지 만 21년, 그런데 한 달 기본급 105만 원, 그중 세금 등을 공제하고 나면 남는 것은 80 몇 만 원. 근속년수가 많아질수록 생활이 조금씩이라도 나아져야 할 텐데 햇수가 더할수록 더욱더 쪼들리고 앞날이 막막한데 이놈의 보수 언론들은 입만 열면 노동조합 때문에 나라가 망한다고 난리니 노동자는 다 굶어 죽어야 한단 말인가"라고 썼지요.

악덕 자본에 맞선 노조위원장이자 세 아이의 아버지인 그가 세상을 뜰 결심을 하며 "이놈의 보수 언론들"이라고 썼을 때, 김 형, 그에게 떠오른 직업기자들은 어떤 모습이었을까요?

노조위원장과 조합원의 연이은 죽음으로 노사 사이의 해묵은 숙원이 풀리고 회사 생산성이 높아질 때까지 '이놈의 언론'은 어디에 있었던가요? "도와달라는 말은 하지 않겠습니다. 제발 방해만 하지 말아주십시오"라는 어느 영화의 간절한 기도가 떠오르지 않습니까?

그런데 한진중공업 경영진은 다시 2010년 12월에 400명을 정리해고 하셨다고 나섰지요. 김진숙이 크레인에 올랐을 때 '그놈의 언론'은 무엇을 했던가요? '희망버스'가 구성되고 서울을 비롯해 전국 곳곳에서 부산으로 곰비임비 달려갈 때, 김 형의 언론사는 어떤 보도를 했던가요?

희망버스를 기획하고 그 '죄'로 지금 감옥에 갇힌 시인 송경동은 희망버스를 '절망버스'라고 살천스레 보도한 언론의 벽이 완강했다고 회고했습니다. 저 새맑은 시인은 희망버스를 "승객들 한 사람 한 사람들이 살아 있는 미디어처럼 움직였던 수많은 말과 표현의 버스"였다고 정의했더군요.

김 형은 이제 제가 무엇을 말하려는지 핵심을 짚었을 터입니다. 김진숙과 송경동, 두 사람으로 상징되는 이 땅의 수많은 '구조조정 노동자'와 희망버스 승객들은 직업기자들에 맞서 자신들 스스로 미디어가 되었습니다. 저는 그들을 직접정치 시대에 걸맞은 '직접기자'로 부르자고 제안했었는데요. 그 말은 결코 직업기자를 경시해도 좋다거나 비아냥거리는 뜻은 전혀 아니었습니다. 아니, 오히려 직접기자들의 시대에 직업기자들의 기자 정신과 직업윤리가 얼마나 중요한가를 알리고 싶었지요.

김 형. 정리해고와 비정규직 없는 세상의 꿈을 싣고 희망버스가 달리기까지 이른바 보수 언론은 물론, 진보 언론조차 의제 설정이 약했습니다. 더 큰 문제는 과거만이 아니라는 데 있지요. 신자유주의를 넘어선 세상을 열망하는 희망버스 기획단은 지금 희망의 발걸음을 뚜벅뚜벅 옮겨가고 있습니다. 재능교육 노동자들이 1500일 넘게 싸우고 있는 서울 혜화동에서 1월 30일 출발한 '희망뚜벅이'는 평택 쌍용자동차를 목표로 걸어가고 있지요.

김 형. 한국 언론 가운데 그 희망뚜벅이를 보도하고 있는 언론은 얼마나 될까요? 김 형이 몸담고 있는 곳의 지면과 화면에서 희망뚜벅이를 발견하셨습니까? 그래도 '절망뚜벅이'라는 언구력은 없었다고 자위해야 할까요? 희망버스에 이은 희망뚜벅이의 직접기자들 앞에 그 존재 이유를 곱씹으며 다시 적습니다. 직업기자.

___2012. 2. 9.

● 민주주의 사회에서 노사 관계는 가족 관계 다음으로 중요한 인간관계입니다. 그런데 한국 사회는 노동의 힘이 약합니다. 부당하게 일터에서 쫓겨나는 사람들은 지금이나 그때나 대한민국 곳곳에서 싸우고 있었습니다. 언론이 그들의 목소리를 담지 못하자 뜻있는 사람들이 '희망버스'에 올라 농성장을 단체로 방문해서 연대에 나섰습니다. 그들 앞에 기자들의 성찰을 촉구한 글입니다.

대통령과
씁쓸한 자살률 1위

가을 아침입니다. 잘 지내시는지요. 편지를 쓰고 있는 오늘은 몇몇 언론들이 보도했듯이 '세계 자살예방의 날'입니다. 세계보건기구와 국제자살예방협회가 2003년에 제정했지요.

기실 자살은 오래전부터 문학과 철학의 주제였습니다. 알베르 까뮈는 "참으로 위대한 철학의 문제는 하나밖에 없다"며 그것은 자살이라고 말했습니다. 주인공의 자살로 막을 내리는 프랑스 영화를 먹먹한 가슴으로 누구나 보았을 터입니다.

하지만 대한민국에서 자살은 낭만적이지 않습니다. 윤

똑똑이들이 훈수하듯이 '급격한 가치관의 변화' 때문도 아닙니다. 8년째 '세계 1위'를 자랑하는 자살자들의 숫자는 새삼 소름이 끼칠 만큼 가파르게 올라가고 있습니다. 2위와의 격차도 무장 벌어지고 있지요.

어떻게 보아야 할까요? 오늘 아침에도 한국의 자살자들 사이에 '베르테르의 효과'가 증명됐다는 보도가 있더군요. 그런 자살자도 없지는 않겠지요. 하지만 냉철하게 자살자들의 통계를 읽어야 할 때입니다.

언론에 보도되지 않은 통계청 자료를 짚어보죠. 1987년 6월대항쟁이 일어난 그해 한국의 자살자 수는 10만 명당 8.2명이었습니다. '세계 1위'와는 거리가 멀었지요.

6월대항쟁 이후 6공화국이 들어선 첫해인 1988년 자살자 수는 7.3명(이하 모두 10만 명당)으로 줄어들었습니다. 한 해에 0.9명이 줄어든 것은 결코 적은 수치가 아닙니다. 어떨까요. 확인할 길은 없지만 이제 민주주의가 시작됐다는 기대도 있지 않았을까요. 하지만 노태우 정부의 마지막 해(1992)에 자살자는 8.3명으로 늘어났습니다.

이어 김영삼 정부가 들어섰지요. 첫해인 1993년에 9.4명으로 늘어납니다. 그의 임기 마지막 해인 1997년을 볼까요? 13.0명입니다. 자살자들이 이미 급속도로 불어나고 있지요.

사상 첫 평화적 정권 교체라는 김대중 정부가 들어선 1998년에는 18.4명으로 껑충 뜁니다. 김영삼 정권 말기에 터진 국제통화기금IMF의 구제금융 사태가 큰 몫을 했겠지요. 1999년에는 14.9명으로 줄어듭니다. 김대중 대통령이 복지정책을 폈기 때문이라고 판단한다면 속단입니다. 그의 집권 마지막 해엔 17.9명으로 늘어났습니다.

노무현 정부가 들어선 2003년 22.6명이었고 임기 마지막 해인 2007년에는 24.8명이 됩니다. 이명박 정부에서 그 숫자는 더 가파르게 치솟습니다. 첫해인 2008년 26.0명에서 이듬해 곧장 30명을 넘습니다. 마지막 통계는 2010년, 31.2명입니다.

김 형. 저는 이 통계들을 눈시울 슴벅이며 적고 있습니다. 불쑥불쑥 치밀어 오르는 울뚝밸을 꼭꼭 누르고 있습니다. 10만 명당 자살자 수치만 보면 상황의 심각성을 자칫 놓칠 수 있습니다.

실제 자살한 사람들을 짚어볼까요. 가장 최근 통계인 2010년 자살한 사람은 1만 5566명입니다. 김 형과 제가 살고 있는 이 나라에서 하루 평균 42.6명이 스스로 목숨을 끊고 있습니다. 단연 '세계 1위'이고 부동의 '선두'입니다.

자살률이 가파르게 상승한 시기의 대통령들을 적어봅니다. 노태우, 김영삼, 김대중, 노무현, 이명박. 저 대통령들은 자살하는 사람들, 그 국민들에게 누구였을까요. 어떤 의미가 있었을까요. 대통령들은 한결같이 국민을 위한다고 주장했습니다. 보통사람의 시대, 문민정부, 국민의 정부, 참여정부, 국민성공시대를 각각 부르댔지요.

물론, 역대 대통령을 평가하는 기준은 저마다 다를 수 있습니다. 다만 객관적인 통계가 한 가지 평가 기준이 될 수 있다고 생각합니다. 자살률이 그것이지요. 1만 5566명의 자살자 수. 그 숫자에는 한 사람 한 사람의 애틋한 삶과 슬픔, 고통과 노여움이 깃들어 있습니다.

더러는 '세계적 흐름' 탓이라고 두남두거나 변명하겠지요. 신자유주의 세계정세에서 어쩔 수 없었는데 객관적 조건을 무시한 채 너무 과도하게 비난한다고 눈 흘길지도 모르겠습니다. 저는 그런 먹물들에게 명토박아 들려주고 싶습니다. 김영삼과 이명박은 물론, 김대중-노무현이 집권했던 시기에도 지구촌에는 부익부 빈익빈이 크게 줄어든 나라들이, 자살률이 현저히 떨어진 나라들이 엄연히 있습니다. 어떤 정치를 폈느냐가 중요하다는 뜻이지요.

김 형. 가을과 더불어 대통령 선거일도 두 자리 숫자로 바투 다가왔습니다. 저 대통령들을 이어갈 대통령은 누구일까요? 대한민국의 차기 대통령은 어떤 정책으로 가파른 자살률을 줄일 수 있을까요? 저마다 경제 살리기와 경제 민주화를 내걸고 있는 지금 고통받고 있는 사람들의 삶을 나아지게 할 후보는 누구일까요?

자살한 국민들이 온 삶으로 아니 죽음으로 적어놓은 핏빛 '채점표' 앞에 옷깃을 여미며 하나만 더 묻겠습니다. 이 나라의 언론은 대통령들의 공약을 검증하고 감시하지 못한 책임을 언제나 벗어날 수 있을까요?

___2012. 9. 10.

● 　　대한민국은 자살률 세계 1위의 오명을 쓰고 있습니다. 대통령과 집권당이 바뀌어도 그 부끄러운 수치의 순위는 변함이 없습니다. 사실 역대 대통령 누구든 자신의 공약을 실현했다면 절망에 잠겨 자살하는 사람들이 줄었을 것입니다. 바로 그래서 언론의 감시가 중요합니다. 언론이 자살률 1위의 비참한 현실을 직시하길 바라며 쓴 글입니다.

저널리즘의 추락,
과연 '사주' 탓일까?

봄 같지 않은 봄이 이어져서일까요. 미디어의 창에 더께가 켜켜이 쌓여서일까요. 세상이 부쩍 어두워 보이는 오늘입니다.

요즘 저는 기자 시절에 언론사 사주들을 살천스레 비판했던 글들을 곱씹고 있습니다. 그들 때문에 한국 저널리즘이 망가졌다고 판단해서였지만, 그런 비판이 의도와 달리 현업 언론인들에게 '면죄부'를 준 것은 아닐까 하는 의문이 무장 커져가서입니다. 언젠가도 고백했듯이 모든 걸 사주 탓으로 돌림으로써 언론인들의 실존적 성찰을 가로막았다는 자성이 밀려옵니다.

엊그제 우연히 읽은 한 신문사 문화부장의 글은 한국 저널리즘의 수준을 상징적으로 드러내주더군요. 예전이라면 그 또한 구조에서 살아남으려는 안간힘으로 '이해'하며 보듬었겠지요. 기자가 다른 신문사로 옮겨갈 때 그 신문 논조에 '과잉 적응'하는 사례가 언론계에 적지 않았으니까요.

하지만 추락하는 저널리즘 앞에서 더는 어물쩍 넘기지 말자고 다짐했습니다. 그 '데스크 기자'의 글은 단순히 한 개인이 아니라 한국 저널리즘의 문제점을 상징적으로 드러내준다는 판단이 들어서입니다. 칼럼 들머리를 옮겨보겠습니다.

"90년대 말 야간대학원에 다녔다. 기말고사 때, 시험감독 조교가 자리를 비우자 몇몇이 책을 꺼내 놓고 답을 썼다. 가장 먼저 책을 꺼낸 것은 이름이 널리 알려진 운동권 인사였다. 도덕성을 '남을 치는 칼'로만 사용하는 운동권을 여럿 보아온 터였지만, 대놓고 뻔뻔한 현장을 보니 당황스러웠다."

어떤가요. 야간대학원에서 기말고사 시험을 치른다는 말도 낯설지만, "도덕성을 '남을 치는 칼'로만 사용하는 운동권"이라느니 "대놓고 뻔뻔한… 이름이 널리 알려진 운동권 인사"라는 말을 늘어놓는 대목에서 정말이지 궁금하더군요. 대체 그는 '운동권'을 얼마나 알고 있을까요? 물론, '진보' 가운데 '수구 못지않은 인격'들을 저도 적잖게 겪었습니다. 하지만 그런 이유로 '진보'를 싸잡아 비판하진 않지요. 무슨 진영 논리 때문이 아닙니다. '일반화의 오류'로 사실을 왜곡하는 글은 옳지 않아서입니다.

냉철하게 톺아볼까요? 공직자 인선 과정에서 드러나듯이 날이면 날마다 부도덕한 인사들이 쏟아지고 부적격한 인사들이 자리를 꿰차고 있습니다. 그런데 민주화에 애면글면 헌신해온 사람들을 틈날 때마다 싸잡아 몰아세운 신문사에 몸담고 있는 문화부장이 그 매도의 목록에 '야간대학원 학기말 고사 커닝'을 더하고 있습니다. 딱함을 넘어 하릴없이 실소를 머금게 하는 글이 이어집니다.

"4학기가 되자, 논문 얘기들을 했다. '무엇부터 베껴야 할지 모르겠다'는 농담 반, 진담 반 얘기가 오갔다. 공부 체질이 아니었고, 대충 학위 받아 학교를 기웃거리게 될까 봐 논문을 쓰지 않았다. (…) 그때 논문을 썼다면 (…) '대충 베껴' 분위기에 휩쓸렸을 것이다."

그는 야간대학원을 성실하게 졸업한 '만학도'들을 싸잡

아 매도하며, 스스로 학습 열정이 부족해 논문 쓰지 않은 걸—또는 못한 걸— 합리화를 넘어 '미화'하고 있습니다.

그의 '심리 구조'가 궁금해 글을 더 찾아보았습니다. 바로 전엔 「장발장은 100% 희생자인가」라는 칼럼을 썼더군요. 빵 한 조각 훔치고 억울하게 19년 옥살이를 했다는 '상식'은 잘못이랍니다. 마치 큰 발견이라도 했다는 듯이, 탈옥으로 형기가 늘었다고 씁니다. 이어 "빵 한 덩이 훔친 죄는 그냥 됐어야 한다고 주장하고 싶다. 그런데 정말 그랬다면, 한밤중에 총 든 남자가 자기 집 유리를 깨는 걸 목격한 빵집 주인의 불안은 누가 해소해줄까" 묻더군요.

흑백 선택을 강요하는 전형적인 '조선일보 논리'지요. 빵 조각 훔치다가 장장 '징역 5년'을 선고받은 야만에 주목하지 못했다면, 그는 작품의 고갱이를 파악 못한 채 되레 독자들을 가르치려는 '윤똑똑이 문화부장'일 뿐입니다.

공중이 갈수록 신문을 외면하는 까닭이 혹 숱한 '윤부장'들 때문은 아닐까요? 심지어 그는 "아직도 관련자들의 농성이 이어지는 용산 참사, 쌍용차 문제를 대하는 방식도 비슷하다"고 부르댑니다.

"우리는 완전한 약자라고 주장하면서 '명예 회복'을 주장하고 있다. 그 과정에서 벌어진 위법·불법성과 타인에 대한 공격은 언급하지 않는다. 여기에 '약자 마케팅' 전문 정치인들이 끼어든다"고 씁니다. 사뭇 중립을 가장하지만, 자신의 신문사가 그 사건들을 어떻게 보도했는지부터 짚어야지요. "발단부터 현재까지 '팩트'를 챙겨"보라고 다그친 그는 "필요한 건 '구호'만 남은 사건에 관한 객관적 백서"라고 글을 맺습니다.

왜 그는 언론의 '사회적 의무'를 다른 직업인들에게 주문할까요? 사건의 사실 보도는 일차적으로 기자 몫이고, 사건을 왜곡한 가장 큰 책임이 자신의 신문사에 있다는 진실을 정말 까맣게 잊은 걸까요?

무릇 지식인들은 자기 합리화에 능합니다. 언론인도 예외는 아니지요. 하지만 언론인의 그것은 직업윤리에 치명상입니다. 이 편지가 특정인만이 아니라 앞으로 한국 언론을 책임질 수많은 '윤데스크'들에게 한 번쯤 자기 얼굴을 들여다보는 손거울이길 바란다면, 저 또한 주제넘은 짓을 한 걸까요?

_____2013. 3. 31.

●　　　언론사 사주들이 기자들의 언론 활동에 간섭함으로써 언론 자유가 위협받고 있다는 주장을 오랫동안 펼쳐왔습니다. 하지만 언론사 사주만의 문제는 아니라는 생각이 커져갔을 때입니다. 고위 간부가 된 기자들이 자발적으로 사주의 이해관계에 맞춰 글을 쓰는 모습도 많이 나타나고 있습니다. 그들에게 인간적 성찰을 권고하는 칼럼입니다.

세 모녀 참극과
위선의 무리

안녕하십니까. 요즘 저는 무시로 치미는 구역질로 힘든 시간을 보내고 있습니다. 세 모녀 자살 앞에 꼬리를 문 위선자들로 메스꺼운 욕지기가 자주 밀려옵니다.

그 비극이 일어난 지 20일이 넘었지만 지금도 뭇사람의 가슴을 적셔서일까요. 세상을 뜬 세 모녀를 들먹이는 무리가 끊이지 않습니다. 어제는 직전 국무총리가 서울시장 출마를 선언하며 세 모녀의 참극을 언급했습니다. 미국에 머물다가 귀국한 김황식은 '사람이 죽어가는 서울이 아닌 사람을 살리는 서울을 만들겠다'고 부르대더군요. 국무총리로 제법 '장수'를 누리던 현직 시절의 성찰은 전혀 보이지 않습니다.

역겨운 위선은 거기서 그치지 않습니다. 숱한 정치인들이 애도를 표했지요. 물론, 그들 모두 위선자라는 비판은 매도일 터입니다. 더러는 진심으로 눈물 흘리는 정치인도 보입니다. 가령 민주당 대변인이 떠오르지요. 세 모녀가 남긴 유서를 언급하는 대목에서 울컥 하더군요. 중단된 브리핑을 다시 시도했지만 카메라 앞에서 또 목이 메었습니다. 끝내 브리핑을 마무리 못하고 서면으로 논평을 냈지요.

민주당 대변인의 격정을 폄훼할 뜻은 전혀 없습니다. 하지만 저뿐일까요. 세 모녀의 자살 앞에서 저는 10년의 세월을 넘어 참여정부 시절의 참극이 겹쳐졌습니다. 수도권의 부평에서 일어났지요. 가난과 빚에 절망한 30대 여성이 세 아이를 고층 아파트에서 떨어트리고 투신자살했습니다. 아이들은 마지막 순간까지 살려달라고 애원했다는 주민 증언이 아프게 메아리칩니다.

11년 전, 그 참극이 벌어진 뒤 이 나라에는 저마다 국민을 섬긴다는 대통령이 들어섰습니다. 당시 집권 초기였던 노무현을 비롯해, 국민성공시대를 약속한 이명박에 이어 국민행복시대를 공약한 박근혜가 대통령이 되었지요.

명토박아 간결하게 증언합니다. 아무것도 나아진 게 없습니다. 그들은 현실의 엄중함마저 정확하게 인식하지 못했습니다. 현실을 볼까요? 박근혜 대통령은 국무회의 자리에서 세 모녀를 지칭한 뒤 "이분들이 기초수급자 신청을 했거나 관할 구청이나 주민센터에서 상황을 알았더라면 정부의 긴급 복지지원 제도를 통해 여러 지원을 받았을 텐데 그러지 못해 정말 안타깝고 마음이 아프다"고 말했습니다.

이 형. 정말 안타깝고 마음이 아픕니다. 아니 분노가 스멀스멀 올라옵니다. 이미 몇몇 언론이 지적했지만, 궁금합니다. 조중동에 의존하는 박근혜 정부는 지금 이 순간 어떨까요. 세 모녀가 기초수급자 신청을 했어도 까다로운 조건 때문에 아무것도 받지 못한다는 진실을 알고 있을까요. 아니, 그런 사실에 작은 관심이라도 있을까요?

더구나 대통령은 그 발언에 이어 "진정한 새 정치는 민생과 경제를 챙기는 일부터 시작해야 하는데 그러지 못한 우리 정치의 현실이 너무나 안타깝다"고 주장했지요. 그 와중에서도 야권에 대한 정치적 공격을 멈추지 않았습니다.

과연 저 대통령에게 세 모녀의 자살과 같은 참극을 막을 능력 또는 의지, 아니 마음이 있을까요. 회의적으로 답할 수밖에 없는 게 '정상'이겠지요.

그렇다면 희망은 야권일 텐데 기대해도 좋을까요. 마침 민주당과 '안철수 신당'이 모여 '새정치민주연합'을 선언했습니다. 그런데 새정치민주연합은 기존의 민주당보다 조금 더 '중도'를 지향하며 오른쪽으로 간답니다. 과연 그렇게 해서 세 모녀의 비극이 되풀이되는 현실을 바꿀 수 있을까요?

늘 흔들려온 민주당 노선이 새정치민주연합으로 더 우왕좌왕할 가능성은 한낱 기우일까요. 진보 세력은 어떤가요. '이석기 구하기'에 매몰되어 있거나 모래알처럼 흩어져 있습니다.

그래서이지요. 희망은 어쩌면 언론일 수 있습니다. 그런데 부평의 일가족 참극과 달리 세 모녀 자살을 비교적 자세히 보도한 신문과 방송에서 정치적 또는 정책적 대안을 의제로 설정하는 열정을 찾아보기 어렵습니다. 아니, 진정성 담긴 성찰도 없습니다.

「'세계 1위' 할 게 없어 '자살률 1위' 9년째 하나」 제하의 깐죽대는 사설에서 〈조선일보〉(2014년 3월 12일)는 "자살은 마음의 병에서 비롯되지만 국가의 노력에 따라 상당 부분 구원해줄 수 있다"며 "고농축 농약 판매 규제, 인터넷 자살 사이트 폐쇄, 고층 아파트·건물 옥상 출입 통제, 교량 안전망 설치"를 열거했습니다.

자살이 '마음이 병'에서 비롯된다? 세 모녀 자살을 애도한 입에서 그런 주장이 무람없이 나올 수 있을까요? 사설도 '구조적 문제'를 딱 한 번 언급하긴 했습니다. 여기서 그 구조적 문제를 해결하려고 애면글면 싸워온 사람들을 〈조선일보〉가 어떻게 보도해왔던가를 굳이 밝힐 필요는 없을 터입니다. '복지'라는 말과 '포퓰리즘' 또는 '세금폭탄'을 등식화하며 여론을 호도해온 부라퀴들, 누구인가요?

정직하게 말합시다. 앞으로도 얼마나 많은 서민이 이 눈물의 골짜기를 참담하게 떠날까요. 얼마나 많은 정치인, 언론인들이 위선의 극치를 언죽번죽 드러낼까요.

이 형. 욕지기 일어나는 저 행렬에서 형만은 만나지 않기를 기대하며 고백합니다. 꼬리를 물고 있는 위선의 행렬, 그곳에서 먹물 손석춘도 발견하고 있습니다. 다시 메스꺼운 구역질이 불쑥 밀려오는 까닭입니다.

___2014. 3. 18.

● 　　2014년 2월 서울 송파구 석촌동의 단독주택 지하에서 세 들어 살던 세 모녀가 자살한 사건이 일어났습니다. 아버지가 12년 전 암으로 세상을 떠난 뒤 어머니가 집안의 생계를 책임져왔답니다. 사건 발생 한 달 전에 몸을 다쳐 식당 일을 그만두면서 실의에 빠졌습니다. 생활고로 고민 끝에 집세 및 공과금이 든 봉투와 유서를 남긴 채 번개탄을 피웠습니다. 집주인에게 남긴 유서에는 "마지막 집세와 공과금입니다. 정말 죄송합니다"라고 써 있었습니다.

　　　　　　　　　　　　　　　　　　손석춘 칼럼집

이순신의 호로자식 후손들

"우리가 이렇게 개고생한 걸 후손들이 알까 모르것네."

"모르면 호로자식이제."

관객 신기록을 날마다 경신하고 있는 영화 〈명량〉에서 가장 화제를 불러온 대사입니다. 어느 비평가는 감독의 '노골적 의도'가 보인다며 거부감을 드러냈더군요. 이 형은 어떠셨는지요. 저는 김한민 감독 쪽입니다. 물론, 의도는 보이지요. 하지만 의도 없는 영화 대사가 있기나 한 걸까요. 저에겐 이 부박한 시대에 그 투박한 정직함이 드문 미덕으로 다가옵니다.

제가 그 대목을 평가하는 이유는 2014년을 살아가는 우리 가운데 '호로자식'이 많아서가 아닙니다. '아비도 모르는 자식' 소리 들을 만큼 싹수없는 인간은 어느 때, 어느 곳이든 적지 않았으니까요. 하지만 그 구수한 선라도 사투리 대화는 우리의 무뎌진 역사의식, 둔감한 사회의식을 단숨에 깨워줍니다.

세계 해전사에서 그와 견줄 이 찾아보기 어려울 만큼 명장입니다. 영화 〈명량〉은 장군으로서 이순신만이 아니라 인간 이순신을 그려내는 데도 돋보였지요.

물론, 이순신의 성취는 혼자만의 업적은 아닙니다. 장군을 도운 숱한 민중이 있었지요. 실제로 명량이 '울돌목'으로 불릴 만큼 바닷물 흐름이 빠른 곳임을 이순신에게 가르쳐준 이도 그곳에 터 잡고 오랜 세월 자자손손 이어온 어부였습니다.

이순신이 진격할 때 그 아래서 말 그대로 좆 먹던 힘까지 내 전함의 노를 저은 격군도 민중이었지요. '개고생'은 '어려운 일이나 고비가 닥쳐 톡톡히 겪는 고생'을 이르는 순우리말입니다. 얼마나 많은 이들이 바닷물에 산 채로 수장됐을까요. 바로 그렇게 우리 선인들은, '개고생 아비들'은, 왜적을 물리쳤습니다.

그런데 어떤가요. 강연 때마다 젊은이들에게 툭 던져온 질문이지만, 이순신을 낳은 조선의 해군은 그로부터 300여 년 뒤 정작 나라가 망할 때 무엇을 했던가요? 이순신과 그를 중심으로 뭉친 '개고생 아비들'이 애면글면 지켜낸 조선은 결국 다시 온 왜적에게 '정규 전쟁'도 없이 식민지로 전락했습니다.

불편하겠지만 우리 진실을 마주합시다. '호로자식'들 아닐까요. 물론, 1890년대와 1900년대를 살아간 모든 이를 그렇게 '정죄'한다면, 그야말로 '호로자식'이겠지요. 골골 샅샅에서 일어난 의병들이 있었으니까요. 문제는 바로 그 의병들을 살천스레 '비도'로 몰아친 자들입니다. 누구일까요. 무너져가는 조선왕조의 한 귀퉁이에서 '단물'을 빨아먹고 있던 권문세가들이고, 그들을 대변한 언론인들이었습니다.

다름 아닌 〈독립신문〉이 의병을 '의병'으로 보도하지 않았지요. 〈독립신문〉은 의병을 '살인과 약탈을 일삼는 무리'라는 뜻의 '비도'로 기사화했습니다. '비도 7놈을 죽였다'는 따위로 서슴없이 '놈'으로 몰아친 기사를 내보냈습니다. 바로 그 신문의 창간 기념일이 지금 우리가 기념하는 '신문의 날'입니다.

이 형. 생각해봅시다. 과연 이순신은 상상이라도 했을까요. 그가 온몸으로 지켜낸 나라가 300여 년 뒤 바로 그 적들의 식민지로 전락한 것을. 그것도 모자라 다시 분단된 채 남과 북이 300만 명을 서로 죽이는 전쟁을 벌인 사실을. 휴전 뒤에도 내내 적대시해오는 꼴불견을. 그나마 남쪽은 다시 동서로 나뉘어 명량에서 개고생한 후손들을 암암리에 차별하는 오늘을. 장군이 민중과 더불어 눈부시게 승전한 울돌목 바다 바로 옆에서 폭우는 물론 바람조차 불지 않던 청명한 날에 수백여 명의 청소년들이 떼죽음을 당한 사실을. 그 진상을 규명하자는 일에 권력이 언구럭부리며 유족들을 조롱하는 오늘을.

소리를 내어 우는 바다 길목, 울돌목. 명량의 그 바닷소리에서 2014년 오늘, 영화 〈명량〉이 1500만 명을 돌파하는 지금, 이순신의 피울음, 장군의 통곡을 듣는 까닭입니다.

참으로 못난 후손들이지요. '아비도 모르는 자식들'이라는 1590년대 어느 민중의 '예언'이 적중해온 셈입니다.

이 형. 명장의 심장이 멎은 뒤 400여 년이 흘렀습니다. 나라가 동강 난 이 꼴 되기까지 우리는 얼마나 많은 이순신

　　　　　　　　　　　손석춘 칼럼집

을 죽였던가요. 자신들의 알량한 기득권을 지키려고 숱한 인재를 질시하고 모함해온 역사의 귀결이 아닐까요. 아니, 지금 이 순간도 우리는 이념과 지역, 세대 차이를 떠나 모든 영역에 걸쳐 '이순신'을 배제하고 있는 것은 아닐까요.

나라가 기우는 소리, 민주주의가 흔들리는 소리, 자살하는 비정규직·실직자들의 최후 소리, 저 육중한 진보 세력이 '소리 없이 무너지는 소리'들은 또 어떤가요. 그 또한 울돌목의 피울음 아닐까요.

더구나 일본의 아베 정권은 '식민지 지배'를 정당화하고, 국립 서울대 교수들이 '식민지 근대화론'을 앞장서서 전파하는 나라에 우리 '후손'으로 살고 있습니다.

청천 하늘 잔별처럼 많았을 개고생 민중의 통곡을 담아 꾹꾹 눌러 다시 쓰는 까닭입니다.

"우리가 이렇게 개고생한 걸 후손들이 알까 모르것네."

"모르면 호로자식이제."

___2014. 8. 20.

● 2014년 7월 30일 개봉된 영화 〈명량〉은 단숨에 천만 관객을 돌파했습니다. 이순신 장군이 일본의 침략을 물리친 해전을 그린 영화입니다. 일본 정부가 독도 영유권을 주장하고 '위안부'로 불린 성노예 범죄를 부정하면서 반일의식이 커져갈 때였습니다. 모두 1760만 관객을 기록해 한국 영화사를 새로 썼다는 평가를 받았습니다. 그 영화에 담긴 한 대목을 칼럼 소재로 삼았습니다. 이 칼럼에서 지적한 서울대의 식민지 근대화론자들은 2019년 일본 아베가 저지른 '경제 전쟁' 국면에서 다시 등장합니다.

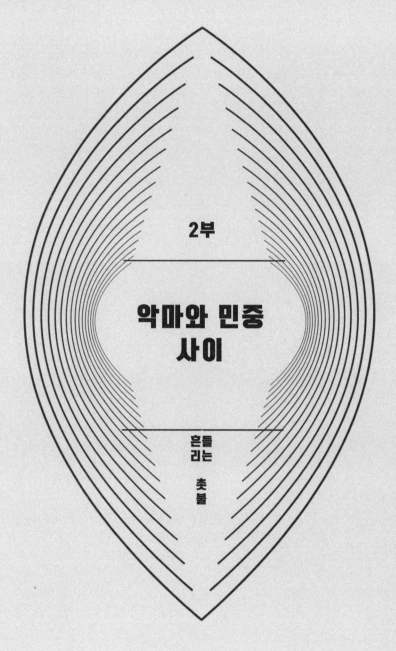

2부

**악마와 민중
사이**

흔들
리는

촛
불

조중동의 흉기,
성유보의 정기

조민기·이의직·안종필·홍종민·김인한·홍선주·심재택·안병섭·우승룡·배동순·김성균·김덕렴·강정문·안성열·김두식·김진홍·이병주·이인철.

2014년 3월 17일, 성유보 전 동아투위^{동아자유언론수호투쟁위원회} 위원장이 "그리운 이름"으로 떠올린 "먼저 떠난" 동지들입니다. 동아투위가 해마다 동아일보사 앞에서 열어온 집회에 더는 참석할 수 없는 이름들을 쓰면서 당신은 "벌써 18명이나 고인이 되셨다니…"라고 문장을 맺지 못했습니다. 그리고 이 을씨년스러운 시월에 예기치 않게 고인이 되셨습니다. 억장이 무너질 일입니다.

결국 당신이 마지막으로 참석한 집회에서 동아투위는 「동아일보사와 박근혜 정부에 보내는 공개장」을 발표했었지요. "오늘날의 동아일보는 그 '아우 매체' 격인 채널A와 더불어 '사회적 공기'라기보다는 민족공동체의 평화와 공존을 파괴하는 '흉기'라는 지탄을 받아야 할 것"이라고 꾸짖었습니다.

이 형도 알다시피 동아투위는 비단 〈동아일보〉만 비판하지 않았습니다. "동아일보를 포함한 보수 언론"의 오늘을 개탄했습니다.

냉철하게 톺아볼까요. 국가정보원의 대통령 선거 개입은 민주주의의 뿌리를 흔드는 반민주적 작태입니다. 명백하게 드러난 사실만으로도 선거의 유효성을 의심받을 상황입니다. 마땅히 언론이라면 실체적 진실을 밝히는 데 나서야 옳지요.

더구나 권력이 진실 규명을 방해하는 '은폐'가 곰비임비 이어졌습니다. 그럼에도 세칭 '조중동'은 권력 감시도, 진실 추구도, 최소한의 공정 보도조차도 하지 않았습니다. 조중동 저널리즘은 추락할 대로 추락했습니다. 동아투위의 '백발 청년기자'들에게 그것은 '언론'이 아닙니다. '흉기'일

따름입니다.

고인은 단테를 인용했습니다. 단테가 『신곡』에서 "해서는 안 될 일을 한 사람에게는 '지옥'이 준비되어 있고, 해야 할 일을 안 한 사람들에게는 '연옥'이 준비돼 있다"고 경고했다면서 "해야 할 일을 안 한 사람들의 대열 맨 앞줄에 동아일보를 비롯한 '긴조 9호 시대 언론'이 서 있었다"고 고발했습니다.

어찌 '긴급조치 9호 시대 언론'만 그 대열 맨 앞줄에 서 있을까요. 2014년의 언론, 국가정보원의 대선 개입에 진실을 파헤칠 생각은 전혀 없고, 세월호 참사의 진실도 마치 모든 게 밝혀졌다는 듯 예단하고 되레 유족들을 내놓고 조롱하는 언론인들은 명토박아 두거니와 '해서는 안 될 일을 한' 사람들입니다.

더러는 단테의 경구를 시들방귀로 여길 수 있겠지요. 죽은 뒤의 세계가 있다고 저도 생각하지 않습니다. 하지만 그 지옥과 연옥의 그림자는 '해서는 안 될 일'을 하고, 해야 할 일을 안 한 언론인들에게 짙게 드리워질 터입니다.

가령 전두환을 '청렴결백한 장군'으로 '새 시대의 위대한 지도자'로 글을 써댄 언론인들은 지금 무슨 생각을 할

까요? '성 고문' 당한 여학생에게 '성을 혁명도구화 했다'
고 쓴 언론인들은 어떨까요? 언론인으로 자신의 인생에 과
연 자부심을 느낄까요?

1980년 5월항쟁을 '폭도'니 '총을 든 난동자' 따위로 쓴
언론인들은 그가 인간인 한 아무리 자신을 정당화하더라
도 시간이 흐를수록 죄의식을 느낄 수밖에 없으리라고 저
는 확신합니다.

비단 과거만이 아닙니다. 국정원의 대선 개입을 은폐하
는 권력의 작태에 언론인으로서 '적극 부역'한 언론인들,
생때같은 자녀를 잃고 진실 규명을 위한 특별법 제정을 요
구하는 세월호 유족들의 '도덕성'을 요리조리 흠집 내온
언론인들, 자살률 1위인 나라에서 최소한의 복지 요구조
차 살천스레 붉은 색깔을 덧칠해온 언론인들, 노동시간이
세계 최장이고 비정규직 비율이 세계 최고인 나라에서 노
동운동을 언제나 적대시해온 언론인들은 어떨까요?

소속 언론사에서 정년퇴임할 때까지 호의호식은 하겠으
나 정녕 마음까지 그럴까요? 진실을 언구럭 부리며 마음
이 뒤틀리고 성정이 혐오스럽게 변해간다면, 바로 그곳이
'연옥'이고 '지옥' 아닐까요? 그들이 현업에서 물러난 뒤

자신의 인생을 돌아보면 어떨까요? 물론, 다음 세상이 있다면 그들이 갈 곳은 더 분명하겠지요.

이 형. 저는 동아투위의 떠나간 기자들 이름에 '성유보'를 눈물로 올리면서, 언론노조와 기자협회의 다짐에 희망을 느낍니다. "우리 모두 성유보가 되겠습니다."

얼마나 가상한가요. 흉기인 언론을 성유보가 온몸으로 살아온 순수한 기운, 정기로 치유할 수 있다면 상상만으로도 가슴 벅찬 일이지요. 언론노조 위원장과 기자협회장이 함께했던 자리에서 이념과 정파 따위를 떠나 '저널리즘 살리기 운동'을 제안했던 저로서는 더없이 반가운 일입니다.

지금 제 소망은 소박합니다. 우리 모두 '성유보'가 될 수는 없습니다. 당신은 당시 언론계 최고의 일터였던 〈동아일보〉에서 올곧게 싸웠고, 〈한겨레〉서도 '기득권'에 머물지 않았습니다. 언론개혁시민연대를 창립할 때 도와드렸지만 저 스스로 짚어보아도 '성유보'가 되기엔 지나치게 편히 살아왔습니다. 하릴없이 다시 눈 슴벅이는 까닭입니다.

수만 명 한국 언론인들 가운데 '성유보'가 십분의 일 정도만 된다면, 아니 '이순신의 문법'을 빌려 애오라지 '열두 명'만 있더라도 한국 저널리즘은 싸목싸목 바뀔 터입니다.

젊은 언론노동자 가운데 뚜벅뚜벅 그 길을 걷는 사람들
이 분명 있으리라고 믿습니다. 조용히 홀로 향을 피우고
성유보 선배의 미소를 그립니다.

___2014. 10. 14.

●   2014년 10월 동아투위 위원장과 〈한겨레〉 초대 편집국장을 역임한 성유보 선배
의 영전에 바친 글입니다. 동아투위는 1974년 10월 24일 박정희 군부독재에 맞서 언론 자유를
지키려고 나섰다가 이듬해에 대거 해직된 〈동아일보〉 기자들의 조직입니다. 투쟁위원회를 조직
해 감옥을 들락거리며 줄기차게 싸웠고 〈한겨레〉 창간을 주도했습니다. 동아투위의 정신을 이
어가는 길은 국가정보원의 대선 개입 공작을 파헤치는 일이라고 호소했습니다.

                                      손석춘 칼럼집

'한국인의 중심 채널' KBS의
민낯

 '국민의 방송', '한국인의 중심 채널'. 한국방송^{KBS}의 자임이다. 물론, 언론사가 내건 '깃발'이 현실과 반드시 일치하는 것은 아니다. 〈조선일보〉가 '불편부당'이나 '정의 옹호'와 거리가 멀듯이, KBS가 국민의 방송이나 한국인의 중심채널을 자임한다고 그렇게 되는 것은 아니다.

 하지만 신문사 사시와 달리 KBS가 내건 깃발은 날마다 9시 뉴스 시작 전에 자막으로 나온다. 사회 구성원 앞에 끊임없이 약속하는 셈이다. 바로 그래서 묻고 싶다. 오늘의 KBS 구성원들은 그 깃발, 그 약속 앞에 떳떳한가.

 전국언론노조와 언론노조 KBS본부가 검찰에 제출한 고

발장에 따르면 2013~2014년에 KBS 길환영 사장은 김시곤 보도국장에게 날마다 9시 뉴스 진행표를 받아본 뒤 '국정원 댓글 리포트를 빼라', '대통령 관련 리포트 순서를 앞쪽으로 배치하라', '해경 비판을 자제하라'고 지시했다. 노조는 당시 청와대 홍보수석 이정현도 독립성을 보장한 방송법 위반 혐의로 함께 고발했다.

기실 권력 앞에 KBS의 굴종은 어제 오늘의 문제는 아니다. KBS가 2003년 선보인 미디어 비평 프로그램은 첫 방송에서 군사정권 시절부터 당시까지 KBS가 권력에 아부해온 과거를 집중 분석했다. 그 첫 방송은 KBS가 다시는 정권의 나팔수가 되지 않겠다는 시청자와의 약속이기도 했다.

흥미롭게도 전임 사장과 청와대 홍보수석이 논란을 빚는 상황에서 KBS 미디어 비평 프로그램은 13년 만에 폐지됐다. 현 경영진에게도 다른 매체 비평은 부담으로 다가왔을까.

내가 〈한겨레〉 여론매체부장으로 일하던 2000년에 당시 KBS 사장과 만난 자리에서 미디어비평 프로그램을 제안했을 때였다. 그 사장은 신문이 반격하면 KBS는 허점이 많아 이길 수 없다고 솔직하게 털어놓았다.

그 뒤 2001년 MBC가 미디어 비평을 시작하고 2003년 KBS도 편성했지만 결국 모두 사라졌다. 신문의 '반격'에 치명상을 입지도 않았는데 왜 그럴까. 정말 허점이 많아서일까.

아니다. 허점은 신문사들이 더 많지 않은가. 그보다는 왜곡과 편파를 일삼는 신문들과 공영방송 사이에 차이가 이미 없어져서가 아닐까.

새삼 명토박아 두거니와 미디어 비평은 진보 관점에서 보수 경향성을 흠집 내는 데 있지 않다. 야당 성향으로 여당에 대한 비난일 수도 없다. 〈경향신문〉과 〈한겨레〉의 시각으로 조중동을 비판하는 일도 아니다.

진실과 공정이라는 엄밀한 잣대가 비평의 생명이다. 당장 김시곤 보도국장의 증언을 톺아보라. '대통령 리포트 순서를 앞쪽 배치하라'거나 세월호 참사와 관련해 '해경 비판 자제' 따위가 공영방송 사장이 할 말인가? 그건 보수-진보의 문제도, 여야 성향의 문제도 아니다. 공영방송 사장으로서 최소한의 자질 문제이자 저널리즘 상식의 문제다.

더구나 '국정원 댓글 리포트'를 빼라? 민주주의 국가에서 정보기관이 대통령 선거에 개입한 사실이 확인됐는데도 아직도 실체가 다 드러나지 않았다. 사건을 수사하던 검찰의 총수는 끝내 쫓겨났다.

국정원의 대선 개입은 보수-진보나 여야 성향의 문제가 더더욱 아니다. 국가 기반을 흔드는 작태다. 그런데 그것을 빼라고 지시한다면, 하여 축소 보도한다면, 더는 언론이 아니다. 바로 조중동 신문·방송 복합체가 그렇다.

무릇 미디어 비평은 양날의 칼이다. 상대 언론을 겨누지만 동시에 자기 내부를 정화하는 서슬이 시퍼래야 옳다. 13년 만에 폐지된 미디어 비평이 언젠가 다시 살아나리라 나는 확신한다. 그때 첫 방송도 권력 앞에 굴종한 KBS가 된다면 서글픈 일이다.

지금 KBS에 몸담고 있는 모든 구성원들에게 언젠가 올 그 방송은 자신의 민낯을 보여줄 거울이다. 검찰 고발과 함께 젊은 언론인들이라도 문제의식을 나누며 내일을 준비해가야 옳다. 국민의 방송, 한국인의 중심 채널이 무지와 굴종에 잠길 때 우리의 미래는 없다.

___2016. 5. 19.

● 　　　2012년 12월에 치러진 대선에서 국가정보원이 조직적으로 선거에 개입해 댓글 공작을 편 사건이 일어났지만 언론이 제대로 보도하지 않았습니다. 앞선 칼럼(조중동의 흉기, 성유보의 정기)에 이어 그 사건은 민주주의의 뿌리를 흔드는 일임을 강조한 글입니다. 마침 국가 기간방송인 한국방송(KBS) 내부에서 박근혜 권력의 '입맛'에 맞게 보도하라는 지시가 내려진 사실이 드러났습니다. KBS 구성원들이 거듭날 것을 촉구했습니다.

민생 살리기와
언론자유지수

　민생. 정가에서 너도나도 부르대는 말이다. 그러다보니 민망한 사건도 곰비임비 일어난다. 민생에 무능한 정부를 매섭게 심판한 총선 앞에서 정작 당사자인 청와대를 보라. '민생을 외면한 국회에 대한 심판'이란다.

　딴은 청와대만이 아니다. 반사이익으로 제1당이 된 더불어민주당의 김종인은 '구조조정' 정책에 적극 찬성했다. 야당이 쪼개져 유권자들은 '고문'당하며 투표해 마침내 국회를 바꿨는데도 민생이 나아질 전망은 '미세먼지'로 자욱하다.

　더구나 언론들마저 마땅히 짚어야 할 사안을 의제로 설

정하지 않고 어물쩍 넘기기 일쑤다. 심지어 저마다 한국 언론을 '대표'한다고 자처하는 미디어들은 언론자유지수가 곤두박질치고 있어도 아예 모르쇠 한다.

국제기구가 발표한 언론자유지수 따위는 무시할 만큼 권력과 독과점 미디어들이 '민생'을 중시한다고 애써 '너그러움'을 가진다 해서 문제가 사라지는 것은 아니다. 저들의 '민생 살리기'가 단순히 구호에 그치지 않고 민생 죽이기로 이어지고 있기 때문이다.

'일반해고' 허용과 자본에 대한 규제 완화를 총선 뒤에도 '민생 법안'으로 우겨대는 두꺼운 철면을 볼라치면 그 무지와 오만에 스멀스멀 분노가 올라온다. 언론자유지수에 담긴 정치 커뮤니케이션의 의미를 새겨야 할 까닭이 여기 있다.

국경없는기자회가 해마다 발표하는 세계 언론자유지수에서 한국은 역대 최하위로 70위까지 떨어졌다. 노무현 정부 시절 31위와 견주면, 이명박과 박근혜를 거치면서 한국 공론장이 얼마나 위축되었는가를 새삼 확인할 수 있다. 평가 문항에는 미디어의 독립, 자기 검열, 뉴스 생산구조, 다원주의, 취재 및 보도 투명성이 두루 포함돼 있다. 또 다른 국제기구인 프리덤하우스가 발표한 보고서에서도 한국의 언론자유지수는 66위다.

눈여겨볼 대목은 언론자유지수 상위국이다. 국경없는기자회 조사에서 언론자유 1위는 핀란드다. 네덜란드 2위, 노르웨이 3위, 스웨덴이 8위다. 프리덤하우스 발표에선 핀란드가 스웨덴·네덜란드·벨기에와 공동 2위로 노르웨이가 1위다. 두 조사 모두 북유럽 국가들이 상위권이다. 무엇을 의미할까.

언론이 권력과 자본으로부터 독립할수록, 뉴스 생산구조가 민주적일수록, 그래서 민중이 의견을 자유롭게 표출하며 여론을 형성할수록 선거에서 보편적 복지를 공약하는 정당이 집권한다는 원칙을 도출해낼 수 있다. 모든 학문이 그렇듯이 가설이지만, 나는 그 원칙을 '민중언론학'의 주요 명제 가운데 하나로 삼고 있다.

바로 그 점에서 언론자유지수를 곰곰 되새길 필요가 있다. 한국에 무슨 언론 자유가 없느냐고 되레 눈 흘길 윤똑똑이들이 적지 않기에 더 그렇다. 이명박과 박근혜 정부에서 해직된 기자들이 애면글면 법정 싸움을 벌이는 모습은 한국 언론의 현실을 단적으로 보여준다.

기자 해직에 그치지 않는다. 보편적 복지를 주장하면 실천스레 '주홍글씨'를 갈겨대는 고위 언론인들이 한국 언론계를 주름잡고 있다. 그 '언론 귀족'들은 후배 언론인들의 '기자 정신'만 틀 지우고 있지 않다.

무지에 더해 조야한 논리로 마구 써대는 '기레기 칼럼'들로 인해 대한민국 정치·경제·사회 전반의 여론 지형이 뒤틀려 있다. 심지어 교수 사회마저 천박한 미디어 논리에 물들고 있다.

보편적 복지라는 말에 대뜸 '포퓰리즘'을 떠올리는 사람들을 볼 때 우리는 언론 자유의 수준을 생생하게 실감할 수 있다. 알바로 학업 시간을 뺏기면서도 정치에 환멸을 느껴 투표하지 않는 젊은 세대에서도, 비정규직 노동자들이 벌이는 생존권 투쟁을 '실업자들 앞에 배부른 짓'이라고 도끼눈 부라리는 장년 세대에서도 '신문·방송 복합체'의 해악은 묻어난다.

보편적 복지가 구현된 북유럽을 유토피아라도 되는 듯 찬양할 뜻은 전혀 없다. 하지만 그 나라와 우리의 민생 수준은 차이가 무장 크다. 민중이 정치적 의견을 자유롭게 소통하고 여론을 형성하는 과정에 권력과 자본의 개입이 최소화한 나라가 보편적 복지를 이룬 현실은 기실 한국과 동전의 양면이다.

권력과 자본이 언론을 앞세워 여론을 왜곡하는 나라에서 보편적 복지는 비현실적 망상으로 조롱받기 마련이다. 전경련전국경제인연합회의 지원을 받은 어버이연합이 보편적 복지를 추진하는 사람들을 적대시하는 살풍경은 애처로움마저 자아낸다. 전경련과 달리 '어버이'는 물론 '일베'도 복지를 누릴 권리가 있지 않은가. 실로 그들은 독과점 미디어의 가장 얄궂은 피해자들이다.

그렇다고 언론만 탓하며 세월 보낼 일은 아니다. 민생을 살리는 일차적 책임은 정치인들에게 있다. 민중이 바꿔놓은 20대 국회에서 뜻있는 정치인들이 과거의 전철을 밟지 않으려면 그들부터 독과점 미디어들이 날마다 주입하는 저급한 논리에 휘둘리지 말아야 한다. 묻고 싶다. 그 각오 다졌는가? 민생 부르대기는 그다음이어야 옳다.

___2016. 5. 29.

●   '복지' 하면 포퓰리즘으로 언론은 몰아세웠습니다. 하지만 인간이 생존권마저 위협당해 자살하는 사람이 이어지는 대한민국에서 언론의 포퓰리즘 타령이 얼마나 무책임한가를 동시대의 사람들과 나누고 싶었습니다. 가랑비에 옷 젖듯이 언론 보도는 정치인들에게도 큰 영향을 끼칩니다. '민중언론학'이 복지를 어떻게 보는지도 설명하고 싶었습니다.

경제 민주화와
자본독재

'자주적 말길'. 군부독재가 언로를 '관리'하던 시기에 언론학자 방정배가 던진 화두다. 비판언론학을 개척한 원로 언론학자는 학문의 모방이나 이론 흉내 따위를 벗어나 한국의 언론 현실을 포착해야 한다고 역설했다. 언론학계에 보기 드문 저작이 나온 지 30년이 흘렀지만 여전히 학문은 현실과 괴리되어 있다.

더러는 미디어 빅뱅 시대에 케케묵은 언로 타령이냐고 눈 흘길 수 있다. 실제로 대다수 사람이 똑똑전화로 날마다 문자를 나누며 소통할 만큼 말길이 넓어진 것도 사실이다.

하지만 어떤가. 미디어는 넘쳐나지만 정작 말길은, 아니

말길 이전에 말문이 닫힌 영역이 있다. 당장 독자들 다수는 앞에 쓴 '똑똑전화'라는 말이 거북했거나 조소를 머금었을 법하다. 왜 그럴까. 국립국어원이 아무리 우리말로 옮겨 권해도 미디어들이 받지 않아서다. 만일 신문과 방송이 '똑똑전화'를 쓴다면, 자연스럽게 들릴 터다.

단순히 외래어 순화에 그치지 않는다. 말문이 닫혀 일상에서 거부감마저 일으키는 말들이 있다.

가령 자본주의사회인 대한민국에서 '자본가'라는 말은 낯설다. 그 말을 하는 순간, 혹 사상이 의심받지 않을까 경계해야 한다. 하물며 '자본독재'라는 말이 공론장에서 시민권을 갖기란 어렵다.

하지만 우리에겐 불편한 '자본독재'는 지구촌에서 자유롭게 논의되고 있다. 이를테면 프란치스코 교황마저 자본이 지배하는 체제를 '새로운 독재'로 공언했다. 그럼에도 교황이 방한하고 신드롬까지 일으킨 한국에서 그의 독재론은 잘 알려져 있지 않다. 신문과 방송이 부각하지 않기 때문이다.

딴은 EBS 다큐 프라임 〈민주주의〉 5부작을 놓고 자본의 이익을 대변하는 자유기업원이 앞장서서 '색깔 몰이'에 나서고 그 방송사 이사들이 용춤 추며 간섭하는 나라가 대한민국 아닌가. 윤똑똑이들 주장처럼 자본의 무분별한 이윤추구 논리를 민주적으로 통제하자는 주장이 경제를 망친다면, 북유럽 자본주의는 물론 독일 경제도 오래전에 망했어야 옳다.

나는 지금 의도적으로 칼럼 표제에 '자본독재'를 내세우고 이 글을 쓰고 있다. 솔직컨대 학자인 나조차 자기 검열 유혹을 받을 만큼 자본의 힘은 막강하다. 행여 그 말이 대중성 없다고 예단할 일은 아니다. 그런 속단이야말로 민중을 '대중'으로 얕잡고 잠재성을 꼭꼭 밟는 논리일 수 있다.

교황이 비판한 독재는 '규제 없는 자본주의'다. 박근혜 대통령은 정반대로 임기 내내 규제를 '암덩어리'로 부르대왔다. 국정 방송이나 다름없는 3대 방송과 조·중·동 신방복합체도 '탈규제'를 외쳐댔다. 그 결과다. 교황이 말한 자본독재의 전형적 보기가 바로 대한민국이다. 민생은 힘들지만, 자본과 그 대변자들은 살찔 대로 살쪄왔다.

6월대항쟁 이후 30년, 자본이 한국 사회를 사실상 지배하는 권력을 거머쥐기까지 일등공신이 미디어다. 군부독재 성립과 유지의 최대 공신이었던 과거와 다를 바 없다.

손석춘 칼럼집

상대가 군부에서 자본으로 바뀌었을 따름이다.

1961년 쿠데타 이후 1987년 대항쟁까지 제도 언론은 군부독재라는 말을 전혀 쓰지 않았다. 그럼에도 군부독재라는 말이 점점 호응을 얻어 마침내 그들을 몰아낼 때까지 열정적으로 나선 주체가 바로 민중이었다.

그런데 군부가 권력을 잃은 빈 공간으로 자본이 들어섰다. 박정희나 전두환 앞에 설설 기던 자본은 6월대항쟁 이후 목에 잔뜩 힘을 주기 시작했다.

군부독재를 몰아내는 데 도움은커녕 군부와 한통속이던 자본이 민중항쟁의 수혜를 만끽해온 셈이다.

자본독재와 견주면 총칼과 곤봉을 앞세운 군부독재는 차라리 순진하다. 자본독재의 힘은 그들의 숙원인 일반해고를 '노동 개혁'으로 박근혜 정권이 강행할 만큼, 비정규직의 눈물과 고통을 정규직 탓으로 돌릴 만큼, 광고를 무기로 거의 모든 미디어를 장악할 만큼 강력하다.

미디어가 '자본독재'를 기피함으로써 한국은 자본에 대한 규제를 공론장에서 논의하기 어렵다. 당장 시대적 과제인 '경제 민주화'를 짚어보라. 한국 정치와 언론에서 경제 민주화 논의는 고작 누가 구조조정을 '인간적'으로 할 것인가에 머물고 있다. 그 수준은 유럽과 견줄 수 없을 뿐만 아니라 미국의 '매파' 힐러리나 '광대' 트럼프보다도 못하다.

민중의 삶, 민생을 참으로 살리려면 자본독재를 자본독재라고 말할 수 있어야 한다. 자본주의는 다양한 체제라는 엄연한 사실, 한국 자본주의는 북유럽은 물론 보수당 정권의 독일 자본주의와도 다르다는 진실을 '헬조선 자본주의'에서 살아가는 사람들과 가능한 한 많이 공유해 나가야 옳다. 민주주의와 시장경제는 '헬조선식'밖에 없다고 강변하는 부라퀴들이 언론계만 아니라 대학 강단에도 수북하기에 더 그렇다. 닫힌 말문을 트고 벅벅이 말길을 열어가야 할 이유다.

___2016. 6. 26.

●   자본주의라면 모두 똑같은 체제라고 생각하는 사람들이 있습니다. 다수입니다. 언론이 자본주의 체제의 다양성을 보여주지 않아왔기 때문입니다. 경쟁 중심의 사회에서 각자도생하는 걸 배워온 사람들에게 한국과는 전혀 다른 자본주의를 소개하고 싶었습니다. 북유럽 자본주의와 한국 자본주의를 비교하며 언론인들의 성찰을 기대하고 쓴 칼럼입니다.

                                       손석춘 칼럼집

민중의 민중을 위한
언론

　이건희의 추한 성매매 의혹으로 영화 〈내부자들〉이 다시 화제다. 대기업 회장과 집권당 대통령 후보, 신문사 논설주간이 주지육림酒池肉林을 즐기는 장면이 새삼 구토를 일으킨다. 박근혜 정권의 고위 관료가 뱉은 '개돼지 발언'의 출처이기도 하다.

　영화 속 '조국일보' 논설주간의 개돼지 발언은 이어지는 대사까지 압권이다. '적당히 짖다가 알아서 조용해진다'가 그것이다. 혹 저들은 개돼지들의 들끓던 분노가 공직자 파면으로 조용해졌다고 회심의 미소를 짓진 않을까 두렵다. 이건희 의혹으로 〈내부자들〉이 다시 들먹여지지만, 관심은 이미 '개돼지'에서 '성'으로 옮겨갔다고 판단할 법하다.

이건희 성매매 의혹을 '뉴스타파'가 보도할 때, 나는 미국 워싱턴의 링컨기념관에 있었다. 백악관보다 더 웅장한 대리석 건축물에 게티즈버그 연설문을 배경으로 링컨이 앉아 있다. 연설문의 '민중의 민중에 의한 민중을 위한 정부' 대목에서 그 민중을 개돼지로 경멸한 정부 관료가 새삼 떠올랐다.

오해를 감수하고 고백하거니와 '민중은 개돼지'라는 발언이 신문과 방송에 처음 보도될 때, 나는 한편으로 반가움마저 느꼈다. 오랜만에 '민중'이란 말을 미디어로 만나서였다. 1980년대에는 자연스레 들린 '민중'이 어느새 거북한 까닭이 미디어에 있기에 더 그랬다.

1990년대로 들어서며 지면과 화면에서 '민중'은 시나브로 사라졌다. '주류화 현상'에서 배제된 셈이다. 실제로 '민중은 좌경화 개념이니 더는 기사에 그 말을 쓰지 말라'는 경고가 당시 유력 신문 편집담당 상무의 입에서 무람없이 나왔다. '민중언론'을 약속한 신문사 지면에서도 '민중'은 슬금슬금 사라졌다.

신문 표제나 방송 자막에 큰 글자 '민중'이 나온 것은 근

　　　　　　　　　　　　손석춘 칼럼집

20년 만이 아닐까 싶다. 다만 '역사의 주체'는 긴 공백기를 지나 어느새 '개돼지'로 조롱받고 있다. '민중언론학'을 제안한 학술서에서 누리꾼이 곧 21세기 민중임을 밝히며 '누가 그들을 멍청하게 만드는가'를 파고든 나로서는 결코 간과할 수 없는 망언이다. 대한민국 교육부 관료에 따르면, 학계에 몸담은 뒤 애면글면 다듬은 민중언론학의 논리는 결국 개돼지의 학문인 셈이다.

차분히 묻고 싶다. 민중은 먹고살게 해주면 짖지 않는다는 발상은 한 관료만의 일탈일까. 아니다. 거만한 언행은 '언론권력'의 편집 틀과 이어진다. 민주화운동을 매도하고 군부독재를 찬양했던 확성기들은 지금도 자본독재의 앞잡이가 돼 민중운동을 공격하고 있다. 목구멍이 포도청임을 간파한 오만과 먹고살게 해주면 된다는 논리가 독과점 미디어에 숨어 있다.

인간에게 모든 걸 바치는 실제 개와 돼지에게 미안함을 전제하고 쓴다. 사람을 먹고살게만 해주면 된다고 낮춰 보며 온갖 추잡한 언행을 일삼는 자들이야말로 실은 개와 돼지 아닌가. 군부독재와 자본독재를 대변하며 제 잇속을 챙겨온 언론도 그 '내부자'다.

링컨의 문법으로 말하자면 '개돼지의 개돼지에 의한 개돼지를 위한' 미디어다. 지구에서 노동시간이 사실상 가장 길고, 비정규직이 가장 많고, 대학등록금이 가장 비싼 나라에 우리 민중이 살고 있는 현실은 필연이다. 개돼지의 언론은 실제로 민중을 개돼지로 만들 수 있다.

다행히 우리 근현대사에는 개돼지의 언론만 있지 않았다. 민중언론의 꿈을 이루려는 열정과 희생이 신문과 방송에 연면히 이어졌다. 동아투위는 물론, 지금도 권력의 입김으로 해직된 방송인들이 개인적 고통을 이겨내며 방송 3사나 종편 따위와 사뭇 격이 다른 '뉴스타파'를 일궈가고 있지 않은가.

정보과학기술 혁명으로 누구나 언론 활동을 펼 수 있는 시대가 열렸다. 말 그대로 민중의 민중에 의한 민중을 위한 언론을 펼칠 조건이 마련된 셈이다. 그럼에도 민중을 경멸하는 고위공직자들이 나타나고, 5월항쟁에 '북괴'가 개입했다는 주장을 대학 교수까지 공공연히 부르대는 세상에 우리는 살고 있다.

딴은 대통령부터 얼마나 민중을 우롱해왔던가. 박근혜가 여론 수렴 없이 사드 배치를 미국과 결정한 뒤 국익을 내세워 단합이란 이름의 순종을 강요하거나, 민생을 부르대며 일반해고를 관철하려는 고집은 해외여행만 즐기는 대통령이라는 날 선 비판으로 이어지고 있다. 물론, 그 여행의 모든 경비는 해고 위기에 내몰린 노동자들까지 예외 없이 내는 세금에서 나온다.

지금 여론 지형은 '개돼지의 개돼지에 의한 개돼지를 위한 언론'과 '민중의 민중에 의한 민중을 위한 언론' 사이에 있다. 앞으로 누가 여론을 주도해갈 것인가는 개와 돼지들에 달려 있지 않다. 민중이 좌우한다.

민중언론은 21세기 민중인 누리꾼이 스스로 민중임을 깨닫는 곳에서 열린다. 적당히 짖다가 조용해지는 그곳이다.

_2016. 7. 24.

● "민중은 개·돼지와 같다." "(우리나라도) 신분제를 정했으면 좋겠다." 대한민국 교육부의 고위 관료인 정책기획관의 말입니다. 2016년 7월 7일 저녁 〈경향신문〉 교육부 출입 기자와 저녁을 함께하는 자리에서 나온 '망언'입니다. 〈경향신문〉 기자는 사석인 만큼 처음에는 발언의 문제점을 지적하고 해명할 기회를 주었으나 소신처럼 말하자 고심 끝에 보도했습니다. 그는 파면을 당했다가 처벌이 지나치다며 법원에 제소해 복직되었지만 강등되었습니다.

청소노동자와
공항의 '별'

　언론인 헨리 메이휴. 이름까지 굳이 기억할 필요는 없겠지만, 모든 사람이 '언론 활동'을 할 수 있는 민중언론 시대에 한 번쯤 짚어볼 인물이다. 저널리즘이 형성해가던 19세기 영국에서 활동했다. 대영제국의 수도 런던의 거리를 취재해 82회에 걸쳐 연재한 기사에 청소노동자를 비롯한 소외된 이들의 표정과 열망을 섬세하고 생생하게 담았다. 그들을 시들방귀로 여겨온 독자들은 기사를 읽으며 조용히 성찰했다.

　그로부터 170년 남짓 흐른 서울에선 청소노동자들이 기자를 찾아 나섰다. 런던의 메이휴가 청소노동자를 찾은 것과 대조적이다.

그런데 옮기기조차 민망한 성희롱과 열악한 노동 현실, 낙하산 인사의 문제점을 곰비임비 증언했고 사실로 확인됐는데도 단 한 줄, 단 한 장면을 내지 않는 신문과 방송이 있다. 틈날 때마다 대한민국을 대표한다고 자처하는 언론사들이다.

더러는 마지못해 한 줄, 한 장면만 보도했다. 우리가 살아가는 공간이 아닌 평양과 관련된 자극적 보도는 거품 물듯 쏟아내면서 그렇다. 그들은 언론의 기초가 '권력 감시'에 있다는 사실을, '목소리 없는 사람들의 목소리'를 대변하는 일이 민주주의 사회에서 언론인의 의무라는 사실을 알고 있을까.

나는 북의 '김정은 체제'를 두남둘 생각이 전혀 없다. 다만 남쪽 언론인의 일차적 임무는 남쪽 권력 감시다. 민생은 무장 어려운데도 집권당 대표나 대기업 회장들과 호화오찬을 즐기는 남쪽 권력 감시는 뒷전이면서도 북쪽 권력을 줄기차게 비판하는 그들의 행태는 정작 군부독재 아래서 내내 용춤만 추던 과거의 연장선에 있다.

권력 감시라는 언론의 본령에 충실하려는 후배들의 목

을 자르거나 물 먹이면서도 사뭇 당당한 저 '언론 귀족'들에게 목소리 없는 사람들의 목소리를 대변하라고 촉구한다면 물정 모르는 어리보기일 수 있다.

하지만 그들이 기자 일로 가족의 생계를 꾸려간다면, 적어도 '직업적 양심'은 지니고 있어야 마땅하다. 오해 잘하는 윤똑똑이들을 위해 굳이 밝히거니와, '권력 감시'나 '목소리 없는 사람의 목소리', 기자의 '양심'과 같은 말들은 그들이 사대하는 미국에서 중시하는 저널리즘 가치다.

여론 독과점 매체들이 외면하거나 축소하면서 공항공사 경영진은 지금까지 모르쇠 하고 있다. 흔히 기업에서 이사로 승진할 때, '별'을 땄다고 한다. 한국공항공사의 사장은 실제 공군참모총장 출신이다.

공항의 청소노동자들을 죄다 용역업체로 돌리고 그 업체의 관리자를 공사 퇴직자로 임명하는 '경영체계'에서 청소노동자들은 스스로 밝혔듯이 "개·돼지보다 못한 생활"을 해왔다. 그래서 이 땅에선 청소노동자들이 '직장인의 별'이라는 이사가 되는 일을 상상조차 할 수 없다. 만일 어느 청소노동자가 이사가 되겠다고 꿈꾼다면, 한국 사회에선 미치광이 또는 극좌파에 세뇌된 자로 여길 터다. 청소노동자와 이사 사이에는 말 그대로 땅과 별만큼의 차이가 있는 곳이 대한민국이다.

한국을 "세계가 부러워하는 나라"라고 부르대는 인간들에게 잘나가는 미국 변호사가 독일에서 생활하며 얻은 깨달음을 들려주고 싶다. 그는 독일의 떠오르는 글로벌 은행에서 일하는 이로부터 "이사회에 정원사가 노동자 이사로 선출"되었다는 말을 듣는다. 미국 변호사에겐 충격이다.

여기서 그치지 않는다. 글로벌 은행 이사회에선 보통 영어를 사용하는데 신임 이사가 영어를 못해 결국 회의에선 모두 독일어를 사용하기로 했단다. 이사회에서 무엇이 논의되는지 노동자 이사가 알아야 해서다. 이 변호사는 미국으로 돌아와 자신의 충격적 체험을 담아 『미국에서 태어난 게 잘못이야』라는 책을 냈다.

그렇다. 청소노동자도 그 기업의 '별'이 얼마든지 될 수 있는 나라여야 민주국가의 이름에 값할 수 있다. 기실 조금만 살펴도 청소노동자가 얼마나 공항에서 중요한 일을 하는지 새삼 깨달을 수 있다. 만일 청소노동자들이 없다면, 공항은 순식간에 휴지와 오물로 뒤덮인다.

물론, 공항공사는 파업에 대비해 '알바'를 준비해놓았을

게 틀림없다. 그 부당행위조차 이 땅에선 부당이 아니다. 미국 변호사를 '표절'해 한국에서 태어난 게 잘못이라고 개탄해야 옳을까. 아니다. 대통령 박근혜로부터 '부정적인 인식을 하고 있다' 따위의 '훈계'를 받을 생각이 전혀 없어서가 아니다. 다름 아닌 청소노동자들이 노조를 결성하고 삭발하며 싸우고 있어서다.

'대한망국'이나 '헬조선'에서 벗어나 민국과 천국을 이 땅에 이루려면 김포공항 청소노동자들처럼 싸움에 나서야 한다. 당장은 어렵더라도, 청소노동자들의 눈물에 눈길을 돌리며 인터넷에 글 한 줄 올리기도 싸움이다.

쇠귀에 말귀인 '별'들과 애면글면 싸우는 여성 노동자들에게 힘을 보태는 여론을 형성하는 일, 바로 그것이 우리 시대의 민중언론이다.

___2016. 8. 21.

● 　　　　2016년 한국공항공사 용역업체 가운데 처음으로 노조를 설립한 김포공항 청소노동인들은 그해 8월 12일 노사 대화를 요구하며 삭발을 했습니다. 손경희 노조위원장은 "기자님들 오시게 하려고 머리를 밀었다"고 솔직히 말했습니다. 실제로 삭발을 하자 비로소 언론에 보도된 청소노동인들의 노동조건은 저임금에 욕설, 술 접대 강요와 성추행으로 열악했습니다.

　　　　　　　　　　　　　　　　　　손석춘 칼럼집

누가 그들을
죽이는가

10년이면 강산도 변한다? 허튼소리다. 옹근 10년 전, 포항에서 건설노동자가 참혹하게 숨졌을 때 「비정규직 노동자를 더는 죽이지 말라」는 칼럼을 썼다. 2016년 곰비임비 이어지는 비정규직 벗들의 죽음 앞에 참담한 까닭이다.

한가위를 앞둔 9월 13일 경북 김천의 고속열차 구간에서 한밤에 철길을 고치던 두 사람이 참사를 당했다. 둘 다 철도공사가 '외주'를 준 비정규직이었다.

현장 노동자와 공사 사이에 소통은 없었다. 중간에 외주업체가 있어서다. 현장의 두 사람은 경주 지진으로 지연된 고속열차가 그 시각에 지나간다는 통보를 받지 못했다.

지난 5월 28일 지하철 구의역에서 열아홉 살 비정규직이 처참하게 죽은 원인과 똑같다. 당시 듣지도 못한 컵라면이 인터넷에 오르내리면서 신문과 방송도 모처럼 보도에 나섰다. 비정규직 착취를 비판하는 목소리도 사뭇 높았다. 하지만 '온라인 분노'가 시나브로 잦아들며 법제화 움직임도 사라졌다.

그 날로부터 100일도 되지 않은 9월 3일, 지하철 성수역과 용답역을 잇는 장안철교에서 보강 공사를 하던 20대 비정규직이 추락해 또 숨졌다. 하지만 구의역 때와 사뭇 달랐다. 〈경향신문〉과 몇몇 언론이 철교 아래 분향소 표정을 기사화했지만, 대다수 신문과 방송은 외면했다. 철교 기둥에 "청년의 죽음을 애도해주세요"라는 글이 을씨년스럽게 붙었다.

본디 산업안전보건법은 10m 넘는 높이에서 일하려면 자격증이나 전문교육을 이수해야 한다고 규정했다. 하지만 비정규직 청년은 그러지 못했다. 외주가 낳은 또 다른 참극이자, 스마트폰의 감성적 표출만으로는 현실을 바꿀 수 없다는 생생한 교훈이다.

그렇다면 한국 사회에서 비정규직 문제를 가장 열정적

이고 조직적으로 제기해온 곳은 어디일까. 사실에 근거해 증언할 수 있다. 권력에 용춤 추는 언론이 노상 '기득권'으로 몰아친 민주노총이다.

민주노총은 9월 8일에도 '간접고용 비정규직 권리보장 입법쟁취를 위한 기자회견'을 국회 앞에서 열었다. 회견문은 "하청 비정규직 노동자들은 업체가 바뀔 때마다 집단해고, 구조조정이란 이름으로 수천 명이 해고되고 있으며 대한민국 전역이 비상사태"라고 절규했다.

하지만 민주노총이 20대 국회에 호소한 기자회견을 거의 모든 신문과 방송이 묵살했다. 기실 민주노총을 '이기주의 집단'으로 살천스레 매도해온 '금수저'가 바로 권력과 자본의 나팔수인 저 '언론 귀족'들 아니던가.

비정규직들이 도살장으로 줄을 이어 끌려가는 꼴인데도 이를 막을 최소한의 입법조차 못 하는 민주공화국에 우리는 살고 있다. 한 사회가 풀어야 할 정책 과제를 의제로 설정해 나가야 옳은 언론은 비정규직들의 죽음을 모르쇠 해왔다.

언론이 제구실을 못 하면서 '외주화'는 대기업은 물론 공공 부문에 이르기까지 관행이 되었다. 지금 이 순간도 대기업은 업무 효율과 이익 극대화를, 공공 부문은 선진화와 정상화를 부르댄다.

더 늦기 전에 우리 모두 차분히 짚어야 한다. 대체 비정규직의 잇따른 죽음은 누구 책임인가? 일차적으로 권력과 자본이다. 비용 절감의 이윤 논리 아래서 노동자들의 창조성은 차치하고 안전과 생명마저 시들방귀로 여겼다. 외주화가 노동자들을 위험에 내몰고 열차 안전도 위협한다고 반대해온 철도노조는 일찍이 언론 귀족들이 마녀로 사냥했다.

입법을 외면한 국회의원들도 비판받아 마땅하다. 저마다 헌법기관을 자임하는 그들의 특권만큼 저들의 직무유기 또한 특별하다. 그 못지않은 책임이 언론에 있다. 일터의 야만성을 의제로 설정해오지 않은 언론은 비정규직 노동자들의 한 맺힌 죽음에 최소한 공범이다.

언론만이 아니다. 비정규직들의 줄 선 죽음 앞에 침묵하거나 자본이 떨궈주는 떡고물을 챙기며 획일적 경쟁 체제를 비호해온 교수들의 책임도 물어야 옳다. 천박한 자본의 논리가 대학까지 깊숙이 파고들었기에 더 그렇다.

무릇 언론과 대학이 살아 있다면 권력과 자본이 대한민

국처럼 망가지진 않는다. 권력을 감시해야 할 언론이 되레 권력을 추구할 때, 더 자유롭고 평등한 세상으로 가는 길을 연구하고 제시해야 할 대학이 자본의 논리를 좇을 때, 그 나라의 내일은 무장 어두울 수밖에 없다.

많은 이들이 젊은 세대가 문제의식도 비판정신도 없다고 개탄한다. 과연 그럴까. 아니다. 언론을 죽인 것은 독자나 시청자가 아니라 언론 귀족이듯이, 대학 정신이 죽어가는 이유도 대학생에게 있지 않다. 권력과 자본에 줄 선 교수들에게 있다.

지난 5년 대학에 몸담으며 젊은 친구들 속에서 희망을 발견하지 못했다면, 미디어를 비평해 나갈 힘도, 대학에 더 머물 이유도 없다. 앞으로 10년이 지나 2026년에도 '비정규직 노동자를 더는 죽이지 말라'거나 '누가 그들을 죽이는가' 따위의 칼럼을 써야 할까. 그럴 수는 없지 않은가.

___2016. 9. 18.

● 2016년 한 해에 수많은 비정규직 노동인들이 숨져갔습니다. 그럼에도 언론은 이를 부각해서 보도하지 않았습니다. 대학 교수들도 비정규직 노동인들의 고통을 줄이자는 여론 형성에 기여하기보다는 획일적 경쟁 체제에 편승하는 사람들이 다수입니다. '더는 죽이지 말라'고 했지만, 이듬해 태안 화력발전소에서도 비극은 일어났습니다.

악마와 민중 사이

악마는 존재할까. 자고 나면 나라 꼴이 더 망가지는 2016년 가을, 뜬금없는 물음을 던진다. 도스토옙스키의 통찰을 나누고 싶어서다.

"만일 악마가 존재하지 않는다면 결국 인간이 그것을 만들어낸 것이 된다. 인간은 자기 모습과 닮은 모습으로 악마를 만들어낼 수밖에 없다."

기실 누군가를 겨냥한 '악마화'는 가진 자들의 상투적 수법이다. 중세 유럽의 마녀 사냥만이 아니다. 자신이 누리는 부와 권력을 위협하는 민중운동에 '악마' 딱지 붙이기는 동서고금을 가리지 않는다.

한국 사회에서도 군부독재 정권이 민주화를 요구하는 청년학생과 노동자, 농민을 살천스레 악마로 몰았다. 1987년 6월대항쟁으로 군부는 퇴각했지만, 그들의 논리는 군부가 키워온 신문사와 방송사들을 통해 퍼져왔다.

고 백남기의 죽음을 둘러싼 대한민국의 살풍경은 그 필연적 결과다. 건강했던 농민이 서울에 와서 집회와 시위에 참여했다가 경찰이 쏜 '물대포'에 맞아 숨졌는데도, 현장 경찰부터 대통령까지 공권력 선상에 있는 어떤 '인간'도 사과하지 않고 있다. 유족을 위로하는 최소한의 예의는커녕 되레 고인과 관련된 사람들을 '악마화'하는 자들이 줄이어 나오고 있다.

보라. 아비의 한 맺힌 죽음 앞에 오열하는 딸을 비아냥대는 저 정치 모리배를 비롯한 숱한 '네티즌'을. 고 백남기를 조롱하는 저 가여운 영혼들을, '빨간 우비'가 백남기를 죽였다고 부르대는 저 무수한 글들을, 심지어 '빨간 우비의 정체는 고인의 아들'이라는 패륜적 망상까지 거침없이 써대는 저 무리를.

생게망게한 주장들에 담긴 논리는 간명하다. 민중총궐기대회에 참석한 사람은 '악마'다. 그렇지 않다면 어떻게 서로를 죽일 수 있다고 믿는가. 아들이 물대포에 쓰러진 아버지를 살해할 수 있다고 어떻게 감히 상상하는가. 그 악마적 믿음과 상상, 빨간 우비를 수사하라는 외침은 대체 어디서 비롯한 걸까.

틈만 나면 노동운동과 농민운동, 집회와 시위에 마녀사냥을 펼쳐온 이 나라 신문과 방송이 그 '주범'이다. 근거는 얼마든지 제시할 수 있다. 저들이 즐겨 쓰는 '전문 시위꾼'이라는 기호, 미국 경찰은 '폴리스 라인'을 넘어서면 사살한다는 사실과 다른 주장, 민주노총이 기득권 세력이라는 선동은 모두 오랜 세월에 걸쳐 조선·중앙·동아일보 지면과 3대 방송 화면에 등장했다. '텔레비전을 통해 폭력에 자주 노출되면 폭력적이 된다'는 언론학의 '배양이론'이 고스란히 관철된 셈이다.

한국 언론은 민중총궐기대회에 참석한 농민, 노동자, 청년학생들이 왜 집회를 하고 시위를 했는지조차 온전히 보도하지 않았다. 오직 집회와 시위의 폭력성만 집중 조명했다. 그 '폭력'으로 숨진 경찰은 없고, 정작 농민이 죽었는데도 그랬다.

차분히 다음을 짚어보자. "농민이 행복한 새누리당 진심

/ 쌀값 인상 17만원을 21만원대로/ 기호1/ 준비된 여성대통령 박근혜". 대통령 선거 당시 거리 펼침막에 새겨진 공약이다. 현재 쌀값은 어느 정도인가. 17만 원은커녕 15만 원 안팎으로 떨어졌다. 묻고 싶다. 농민은 가만히 있어야 하는가. 더구나 신문도 방송도 농민들의 정당한 항의를 실어주지 않을 때 농민은 어떻게 해야 옳은가.

다시 짚어보자. "해고 요건 강화". 대통령에 뽑아달라던 박근혜의 노동 공약이다. 일방적 정리해고를 방지하겠다던 그가 대통령이 되어 정리해고에 더해 '일반해고'까지 가능케 하는 정책을 언죽번죽 '노동 개혁'이니 '민생 살리기'로 생떼 쓴다면, 노동자들은 가만히 있어야 하는가. 더구나 신문도 방송도 노동자들의 정당한 항의를 여론화하지 않을 때 어떻게 해야 옳은가.

바로 그래서다. 권력은 퉁기고 언론이 모르쇠 하기에 민중총궐기 집회를 열 수밖에 없었다. 하지만 권력은 물론, 3대 신문과 3대 방송 죄다 민중의 요구를 외면하고 폭력을 부각했다.

결과는 참담하다. 집회를 연 노동자 대표 한상균은 감옥에 있다. 농민에 헌신해온 백남기는 타살됐다. 과연 이 나라가 민주공화국인가?

솔직히 청와대는 물론, 김진태 따위의 '국회의원', 전경련의 앞잡이들, 우쭐대는 '기레기' 상층부들이 민중총궐기에 붉은 색깔을 칠하거나 백남기 사인을 두고 '빨간 우비'를 들먹이는 작태는 이해할 수도 있다. 저들 잇속과 일치하기 때문이다.

도스토옙스키의 통찰에 따르면, '악마화에 나선 사람들의 내면'이 바로 악마다. 농민을 집회에 함께 참석한 사람이 죽었다는 고발은 자신이 제 이익을 위해서라면 무슨 짓도 해왔다는 고백에 지나지 않는다.

그런데 어떤가, 저 자신도 민중의 한 사람이면서 고 백남기를 조롱하거나 민중총궐기 참여자들을 악마화한 말과 글을 쏟아내는 모습은. 아무래도 서글플 수밖에 없다. 정색하고 묻는 까닭이다. 누가 민중을 악마로 만드는가.

___2016. 10. 16.

● 　　　대학을 졸업하고 평생을 농민운동에 바친 백남기 농민은 2015년 11월 서울 광화문에서 열린 민중총궐기대회에 참석했다가 경찰의 물대포에 맞아 쓰러졌습니다. 구급차에 실려가 서울대병원에서 대수술을 받았지만 1년 가까이 의식불명 상태였습니다. 결국 2016년 9월 25일 눈감았습니다. 한 달 뒤 박근혜와 최순실이 국가권력을 사적 이익 추구에 동원한 국정 농단 사건이 드러나면서 촛불혁명의 물결이 일기 시작했습니다.

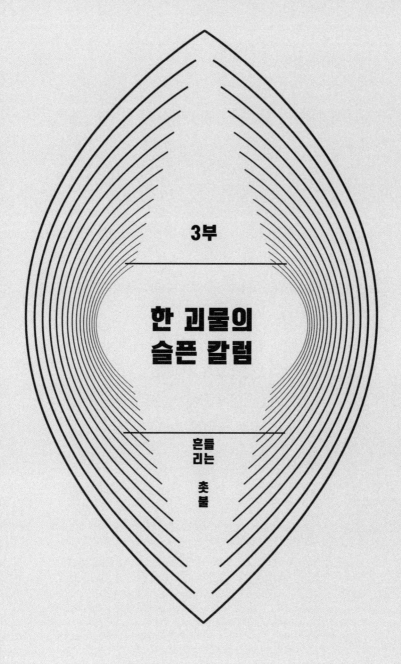

3부

한 괴물의
슬픈 칼럼

흔들
리는

촛
불

어둠과 눈물과
혁명의 미디어

　무릇 미디어는 단순한 전달 도구가 아니다. 마셜 맥루언이 간파했듯이 '인간의 확장'이다. 가령 바퀴는 발의 확장이고 옷은 살갗의 연장이다. 굳이 맥루언의 정의를 따르지 않아도 우리는 신문과 방송을 통해 시청각을 확장하고 있다.

　옷과 바퀴 들이 맥루언의 미디어라면, 21세기 새로 떠오르는 미디어는 촛불이다. 한국 사회에서 여울여울 타오른 그 미디어는 세계사적 의미를 지니리라 나는 확신한다. 새로운 미디어 촛불은 우리 내면에 숨 쉬는 영혼의 확장이다.

　무엇보다 촛불은 어둠의 미디어다. 우리 삶을 에워싼 어둠을 새록새록 밝힌다. 2016년 가을, 광장에서 타오른 촛불은 대통령 박근혜의 어둠을 밝혔다. 그 어둠의 장막은 다름 아닌 신문과 방송이 펼쳐왔다.

조선·중앙·동아일보와 KBS·MBC·SBS는 박근혜를 노상 '신뢰의 정치인'으로 찬양해왔다. 심지어 '서민' 이미지까지 덧칠했다. 쿠데타를 저지르기 전에는 육영재단도, 정수장학회도, 영남대 재단도 없었던 박정희를 '청빈의 상징'으로 한껏 치켜세웠다.

아직도 적잖은 이들이 박정희를 '논두렁에서 막걸리를 마신 대통령'으로 기억한다. 고급 양주·여색을 즐긴 박정희와 미디어에 나타난 '각하'의 차이가 빚어낸 집단 착각이다. 박근혜가 만든 미르재단 따위는 바로 아비를 그대로 본뜬 탐욕이다. 언제나 권력에 용춤을 춘 3대 신문과 3대 방송이 펼친 어둠을 밝히는 촛불은 그래서 아름답다.

촛불은 눈물의 미디어다. 민중총궐기 집회에 참석하러 경기도에서 버스를 탔다. 평소 빈자리가 많을 시각에 광역버스는 초만원이었다. 곧장 눈시울이 뜨거워왔다. 대구여고 학생이 '대구 시민 여러분'에게 호소하는 동영상을 보았을 때도 울컥했다.

광화문에서 남대문까지 가득 찬 민중 앞에선 울먹거렸

다. 돌아갈 때는 지하철을 탔다. 그 안에서 '건전지 촛불'을 든 두 어린 형제를 보았을 때 가까스로 눈물을 삼켰다. 왜 인가? 누가 저 100만이 넘는 남녀노소를 광장에 불렀는가. 한 사람 한 사람 촛불을 든 얼굴에서 곰비임비 삶의 고통과 슬픔을 읽었다. 일찍이 〈춘향전〉의 이몽룡이 떨어지는 촛농에서 민중의 눈물을 읽지 않았던가.

촛불은 혁명의 미디어다. 이몽룡은 탐관의 잔칫상 촛농에서 백성의 눈물을 읽고 그 일당을 모조리 엄벌했다. 〈춘향전〉이 왕조 체제에서 창작된 작품임을 감안하면, 우리는 박근혜의 호화 오찬을 어찌 해야 옳을까.

대기업 회장들을 청와대로 불러 혈세로 먹고 즐긴 박근혜의 '진실'은 알면 알수록 분노를 자아낸다. 당시 박근혜가 대기업 회장들과의 오찬 외에도 각각 '독대'해 만난 사실이 드러났다. 사실상 그녀가 만든 재단에 대기업들은 수백억 원을 갖다 바쳤다. 한 손에는 검찰 수사의 칼날을 쥔 상태였다.

그 시기 그녀는 '노동 개혁'을 언죽번죽 부르대며 대기업들의 오랜 숙원인 '일반해고'를 가능케 하려고 안달이었다. 언제 '정리해고'당할지 모를 정규직 노동자들을 기득권 세력으로 살천스레 몰아세운 '사냥'도 그 시절이었다.

얼마나 가증스러운가. 아직도 그녀를 지지하는 5퍼센트의 동시대인들에게 묻고 싶다. 우리가 그따위 작태를 저지른 인간을 대한민국 대통령으로 인정할 수 있는가. 촛불은 그 어둠에 갇혀 고통받아온 민중의 꿈을 담고 있다. 혁명의 미디어다.

어둠·눈물·혁명의 미디어인 촛불이 수도 도심을 가득 채울 만큼 타올랐는데도 정치의 앞날은 잔뜩 흐림이다. 아직도 박근혜의 퇴진은 '국정 공백'이니 '헌정 중단'이니 떠들어대는 미디어들이 있어서다.

그들에게 분명히 짚고 싶다. 문제가 최순실의 국정농단에 그친 사안이라면, 대통령 퇴진 요구는 성급한 주장일 수 있다. 하지만 청와대 수석 안종범이 대통령의 지시를 받았다는 증언으로 국면은 최순실 게이트에서 박근혜 게이트로 이미 바뀌었다. 다음 정부를 세우는 방법도 우리 헌법에 친절하게 명문화되어 있다.

헌정 중단을 들먹이려면 지금이라도 '박정희 찬가'부터 접을 일이다. 박근혜가 대통령 자리에 하루, 아니 한 시간이라도 더 머물러 있겠다는 아집, 바로 그것이 국정 공백이다.

박근혜를 신뢰의 정치인 따위로 포장해온 언론계는 물론 정계와 학계의 명망가들에게 간곡히 호소한다. 민중을 기만한 그 죄, 씻을 마지막 기회가 있다. 지금 당장 박근혜 퇴진을 요구하는 촛불을 들라.

조금이라도 인간적 성찰이 있다면 청와대와 내각, 새누리당의 모든 고위직들도 박근혜에게 직언을 해야 옳다. 3대 신문과 3대 방송의 언론 귀족들, 그들과 손잡아온 귀족 교수들은 더 말할 나위 없다.

박근혜 퇴진 이후를 걱정하지 마라. 민생은 뒷전이고 제 잇속만 챙겨온 부라퀴들에게 아무도 그따위 과분한 권리를 주지 않았다. 이미 드러났듯이 촛불을 든 민중이 3대 신문과 3대 방송의 언론 귀족이나 귀족 교수들보다 현실을 더 정확히 파악하고 있다. 모름지기 타오르는 촛불 앞에 겸손할 일이다. 새로운 미디어 촛불은 가슴의 확장이다.

___2016. 11. 13.

●   마침내 촛불이 타오를 때 〈경향신문〉에 쓴 칼럼입니다. 촛불이 더 활활 타오르기를, 그래서 우리 현대사에 오랜 세월 드리워진 어둠을 밝히기를 소망했습니다. 대학에서 언론학을 가르치는 교수로서 촛불을 어떻게 보아야 할까 고심했습니다. 오랜 숙고 끝에 내린 결론입니다. 촛불을 새로운 미디어로, '가슴의 확장'으로 자리매김하고 싶었습니다.

촛불혁명과
국정 안정

　우리는 지금 세계사의 한 장을 쓰고 있다. 촛불혁명이다.
2016년 10월 29일 첫 촛불부터 12월 3일 제6차 촛불집회
까지 연인원 650만 명이 '민주공화국'의 깊어가는 밤을 여
울여울 밝혔다. 그 결과다. 민중이 만들어 준 '여소야대 국
회'는 12월 9일 대통령 박근혜를 탄핵했다.

　촛불의 열기는 '조·중·동'으로 비판받아온 미디어들까
지 움직였다. 더러는 현직 주필이 망신을 당하고 쫓겨난
분풀이로 보지만, 〈조선일보〉조차 촛불을 비중 있게 보도
했다. 박 대통령 만들기에 나섰음은 물론, 촛불 직전까지
권력 감시를 모르쇠 해온 언론들의 '변신'을 평가하는 데

군이 인색할 이유는 없다.

하지만 대통령 탄핵 직후, 저들의 '발톱'이 드러나고 있다. 조선·중앙·동아일보는 탄핵 바로 다음 날 사설에서 한목소리로 '국정 안정'을 들고 나섰다. 〈조선일보〉는 탄핵이 혼란의 새로운 시작이 아니라 끝이 돼야만 하는 것은 '자명'하다며 야당 대선 후보들을 콕콕 집어 무책임하다고 비난했다. 근거는 "누구도 부정할 수 없는 경제·안보 위기"다. 또 다른 사설에선 야당이 국정 수습 방안을 놓고 "계속 입장을 바꾸며 오히려 혼란을 키워왔다"고 비난했다.

〈중앙일보〉도 "이제 정국 수습이 중요하다"며 헌법과 법률에 따르는 것이 순리라고 주장했다. 심지어 박근혜 하야 요구는 대선 날짜를 하루라도 빨리 당겨 자신이 유리한 고지에서 선거를 치르겠다는 계산이라고 비난했다.

〈동아일보〉 사설도 "이제는 국정의 안정이 우선"이라고 못박았다. "대권이 목전에 다가왔다고 믿는 야당의 대선 주자들이 지금까지 집행돼온 정당한 정부의 정책을 뒤집거나 사드$^{THAAD \cdot 고고도\ 미사일\ 방어체계}$ 배치 번복 등 안보와 체제를 뒤흔드는 주장을 밀어붙인다면 국민을 불안하게 만들 것"이라고 단언했다.

이 신문들의 논조는 대통령 직무가 정지된 박근혜와 대통령 권한대행을 맡은 황교안의 주장과 정확히 일치한다. 박근혜는 탄핵 직후 국무위원 간담회에서 헌법재판소의 결정이 내려질 때까지 경제 운영과 안보를 비롯한 '국정 공백의 최소화'를 지시했다. 한 언론은 이를 "주요 국정과제 추진에 차질을 빚게 된 데 대해 안타까움을 나타냈다"고 스스로 안타까워했다. 권한대행 황교안도 대국민담화를 통해 국가 신인도 유지와 국정의 안정을 다짐했다. "국정 운영에 한 치의 흔들림도 없도록" 하겠다는 결기도 보였다.

어떤가. 박근혜와 황교안, 시장 독과점 언론사들의 일치된 언행은 촛불이 방심할 수 없는 이유를 생생하게 증언하고 있다. 박근혜도, 황교안도 성찰이 전혀 없다.

불통의 대명사 박근혜는 접어두자. 적어도 황교안은 박근혜의 총애를 받아온 만큼 탄핵 앞에 뼈저린 사과부터 해야 옳았다. 하지만 대국민담화에서 그의 유감은 요식행위로 지나갔다. '국정 안정'에 맞장구를 친 조선·중앙·동아일보 또한 성찰이 없기는 마찬가지다.

대통령 권한대행 황교안과 세 신문에 묻는다. 대체 당신들이 부르대는 '국정 안정'은 어떤 '국정'인가?

재벌의 숙원인 '일반해고' 따위를 지침으로 내려보내고 수백억 원의 검은돈을 챙겨온 국정인가. 역대 최저의 경제성장률을 기록하며 민생경제를 망가트린 국정인가. 언론자유지수와 노동권리지수를 끝없이 추락시킨 국정인가. '통일 대박'을 부르대다가 개성공단까지 폐쇄하며 남북 관계를 파탄 낸 국정인가. 국가정보원의 대선 개입이라는 반민주적 범죄를 은폐해온 국정인가. 민생은 엉망인데 해외순방을 즐기며 퇴임 뒤 군림할 재단 만들기에 나선 국정인가.

　명토박아 둔다. 그따위 국정을 한 치의 흔들림도 없도록 하겠다는 황교안의 결기와 세 신문의 국정안정론은 촛불에 대한 정면 도전이다. 민생경제와 안보를 내세운 기득권 지키기에 더는 기만당할 촛불이 아니다.

　미사여구는 이미 박근혜로부터, 아니 최순실로부터 숱하게 들어왔다. 아니다. 정확히 말하자. 최순실의 미사여구를 바로 세 신문과 방송사들로부터 귀 따갑도록 들어오지 않았던가.

　정계와 언론계의 부라퀴들조차 지금은 언죽번죽 '혁명'이라 부르는 민중의 촛불혁명은 새로운 국정으로 이어질 때 비로소 완성된다. 거꾸로 만일 저들의 주장처럼 '국정

안정'을 이룰 때 촛불혁명은 1960년 사월이 그랬듯이, 1980년 오월이 그랬듯이, 1987년 유월이 그랬듯이 '미완의 혁명'으로 그칠 수밖에 없다.

더는 과거의 전철을 밟지 않겠다는 촛불의 뜻도 결연하다. 탄핵 뒤에도 100만이 넘는 촛불이 한겨울 밤을 밝혔다. 촛불이 숙지근해지길 바라며 마치 자신들만 국정을 걱정하는 듯이 우쭐대는 정계·언론계·학계의 윤똑똑이들에게 충정으로 권한다. 잇속이 훤히 들여다보이는 국정안정론은 그만 접어라. 참으로 국정 안정을 바란다면, 박근혜 퇴진 여론에 동참하라. 최소한 헌법재판소가 빠른 시일 안에 결론을 내라고 촉구하라. 우리는 지금 세계사의 한 장을 쓰고 있다.

___2016. 12. 11.

● 　활활 타오르는 민중의 촛불 앞에서 기득권 세력이 내놓은 방어막이 '정국안정론' 이었습니다. 마치 나라가 무너질 듯이 위기의식을 퍼트렸습니다. 그들이 호들갑 떤 '나라'는 이미 박근혜 정부의 국정농단으로 망가졌습니다. 촛불 민중들은 현장에서 "이게 나라냐?"고 외쳤습니다. 촛불혁명의 진전을 어떻게든 막으려는 세력이 내세운 '국정안정론'의 허구성을 밝히고 싶어 쓴 칼럼입니다.

보수·진보 진영 논리의 함정

보수와 진보. 최근 신문과 방송에 부쩍 등장하는 말이다. 반가운 일이다. 진보와 보수가 공론장에서 소통할수록 민주주의가 성숙할 수 있다. 서유럽과 견주면 한국 민주주의의 법제 수준은 남세스러워 더 그렇다.

보수와 진보의 토론이 활발하고 그것을 공영방송이 담아가야 옳다. 하지만 작금의 논쟁은 전혀 건강하지 않다. 보수나 진보라는 말부터 부적절하다. 어떤 말로 정치 현실을 규정하는가의 문제는 정치 커뮤니케이션의 밑절미다.

찬찬히 짚어보자. 문재인 대통령이 대법원장 후보를 지명하자 모든 언론이 '진보 성향'을 지적했다. 〈조선일보〉

와 한국방송^{KBS}은 표제마저 "대법원장 후보에 진보성향 김명수"로 똑같다.

성격이 어금버금한 언론들을 굳이 나열할 필요도 없다. 다만, 〈한겨레〉〈경향신문〉 그리고 제이티비시^{JTBC}까지 무람없이 '진보'를 표제로 구성해 유감이다. "13기수 낮춘 '진보 성향' 대법원장 지명", "진보 사법수장 인사 문제 정치권 '핫코너'로 급부상", "새 대법원장 후보자에 '진보 법관' 김명수 지명"이 그것이다.

어떤가. 김명수 후보가 '진보 성향'으로 불린 대표적 판결을 톺아보자. 먼저 삼성이 노동조합을 조직한 노조 간부를 해고한 것은 부당노동행위라는 판결이다. 에두르지 않고 묻겠다. 그것이 '진보 판결'인가? 상식이기에 설명은 생략한다.

다른 하나는 전국교직원노동조합에 대한 법외노조 통보 처분의 효력을 정지한 결정이다. 이명박 정권 때도 합법이던 전교조를 박근혜가 법외노조로 만든 것은 민주주의 후퇴의 문제이지 보수·진보의 시금석이 아니다.

김명수 지명은 '사법 개혁의 출발'일 수 있다. 하지만 그것은 '진보 성향'이어서가 아니다. 딱히 성향을 보도한다면 '양심적'이라는 말이 적실하지 않을까. 삼성과 박근혜의 권력에 소신을 굽히지 않았다.

'진보 성향'이라는 첫 보도의 점화 효과는 후속 보도로 이어졌다. '보수'를 자처하는 정치 세력이 내놓고 보수 대 진보라는 진영 논리를 들이대고 언론이 이를 다시 중계해 '허수아비 갈등'을 키워갔다. 보수나 진보의 문제가 아님에도 '이념 대결'로 설정된 셈이다.

그러다 보니 집권당의 고위책임자 입에서도 "대법원 구성은 진보와 보수를 골고루 아울러 국민의 평균적 생각이 반영돼야 한다"는 말이 스스럼없이 나온다. 이념 대결이라는 잘못된 틀에 휘말린 꼴이다. 대법원은 정권이 입맛에 따라 진보와 보수 법관으로 구성하는 대상이 아니다. 국제적인 사법 기준에 걸맞은 양식을 갖춘 양심적인 법관들로 구성해야 옳다.

만일 〈한겨레〉 〈경향신문〉 그리고 JTBC가 모든 사안을 보수-진보의 틀로 본다고 주장한다면 균형 잃은 비판일 터다. 특히 〈한겨레〉와 〈경향신문〉은 '보수'의 문제점을 오래전부터 지적해왔다. 하지만 '보수 야당·보수 단체·보수 언론'이라 쓰지 않아야 마땅한 대목에서 종종 그렇게 기사화하고 논평한다.

가령 국정원의 대선 개입을 얼버무리는 따위로 민주주의의 기본을 부정하는 정당과 단체, 언론에 '보수'라는 말은 가당찮다. 기사에 그냥 그 정당, 단체, 언론사 이름을 쓰면 될 일이다.

보수·진보의 잘못된 틀로 보도하는 공영방송 문제는 무장 심각하다. 방송 개혁을 열망하는 현장 언론인과 시청자들 앞에서 공영방송을 망가트린 자들이 성찰할 섬에 진영 논리로 언죽번죽 맞서고 있다.

명토박아 둔다. 2017년 가을부터 본격적으로 전개될 사법 개혁과 방송 개혁은 보수·진보의 문제가 아닐 뿐더러 그래서도 안 된다. 민주주의의 기본 또는 상식의 문제다.

___2017. 8. 28.

● 촛불혁명으로 치러진 대선에서 문재인 후보가 당선되었습니다. 문 대통령은 사법 개혁에 나서 신임 대법원장 후보자에 김명수 춘천지법원장을 지명했습니다. 언론은 그가 진보적 단체인 '국제인권법연구회'의 초대회장이었다는 사실을 들어 '진보 성향의 판사'로 규정했습니다. 국회 인사청문회를 앞두고 보수와 진보의 진영 논리로 갈등이 증폭되는 모습은 옳지 않다고 판단해 쓴 칼럼입니다.

손석춘 칼럼집

누가 저 엄마에게
돌 던지는가

"한창 꿈을 펼치고 건강하게 성장해야 할 어린 딸들이 아무런 연유도 모른 채 어머니 손에 목숨을 잃는 돌이킬 수 없는 참담한 결과가 발생해 죄가 무겁다."

법원의 준엄한 논고다. 옳다. 열한 살과 여섯 살이 꿈을 펼치고 건강하게 자랄 나이임은 굳이 판사나 검사, 기자가 아니어도 알 수 있다.

두 아이를 죽인 엄마의 죄는 무거울 수밖에 없다. 대구 고등법원이 그 엄마의 항소심에서 원심과 동일한 징역 7년을 판결한 것도 이해할 수 있다.

항소는 검사가 했다. 나는 검사와 판사의 깔끔한 법적

잣대에 유감이 없다. 다만 인간적인 유감은 크다. 논고가 준엄해 더 그렇다. 문득 하이네의 시 「눈물의 계곡」이 겹쳐온다.

"밤바람이 하늘의 창에서 쌩쌩 불어온다/ 다락방의 침대는 누워 있다/ 바싹 여윈 창백한 얼굴들/ 가련한 두 연인들이// 사내가 애처롭게 속삭인다/ 나를 꼭 껴안아줘요/ 키스도 해주고 언제까지라도/ 그대 체온으로 따뜻해지고 싶어요// 여자가 애처롭게 속삭인다/ 당신의 눈을 쳐다보고 있으면/ 불행도 굶주림도 추위도/ 이 세상 모든 고통도 사라져요// 둘이는 수없이 키스도 하고 한없이 울기도 하고/ 한숨을 쉬며 손을 움켜잡기도 하고/ 웃으며 노래까지 했다/ 그리고 이윽고 잠잠해져버렸다// 다음날 아침 경찰이 왔다/ 훌륭한 검시의檢屍醫를 대동하고/ 검시의는 두 사람이/ 죽어 있음을 확인했다// 검시의의 설명에 의하면/ 혹독한 추위와 공복/ 이 두 가지가 겹쳐서 두 사람이 죽었다는 것이다/ 적어도 죽음을 재촉한 원인이라는 것이다// 검시의는 의견을 첨부했다/ 엄동설한이 오면 무엇보다도 먼저/ 모포로 몸을 따뜻하게 해야 한다/ 동시에 영양을

충분하게 섭취해야 한다."*

　아직도 이 땅에는 낭만적인 연애시인으로 더 알려진 시인의 슬픈 절창이다.

　시공간은 다르다. 그 엄마는 반동 국가 프로이센 아닌 대한민국에 살고 있다. 하지만 생활고는 어금버금하다. 별거하는 남편이 보내는 생활비는 두 딸을 키우는 데 턱없이 부족했다. 임시직으로 일했지만, 큰딸이 소아당뇨였다. 치료비와 교육비에 공과금 체납도 꼬리를 물었다.

　두 딸이 지상에서 보낸 마지막 공간은 바닷가였다. 평소 먹고 싶어했을 통닭이 최후의 만찬이었다. 이윽고 해변으로 산책에 나섰다.

　방파제 끝으로 가자 두 딸은 "무섭다"고 했다. "엄마가 있잖아"라며 다독였던 그 엄마는 한쪽 팔에 한 명씩 딸을 안은 채 무서운 바다로 몸을 던졌다. 목격자 신고로 구조됐지만 늦었다. 그 엄마만 며칠 만에 병원에서 깨어났다. 이 참극을 전하는 보도에 네티즌이 첫 댓글을 달았다.

　"이게 다 쥐새끼와 닭년 때문이다…"

　과연 그러한가. 아니다. 물론, 그 비극은 박근혜 정권 때

* 『아침저녁으로 읽기 위하여』, 하인리히 하이네 외, 김남주 옮김, 푸른숲, 2018.

일어났다. 하지만 모든 것이 "쥐와 닭" 탓이라는 안이한 인식이 끝 모를 비극을 낳는다.

인천시 부평에서 30대 엄마—그녀가 살던 연립단지에서 별명은 '천사표'였다—가 세 자녀와 투신한 것은 노무현 정부 출범 첫해였다.

당시 〈조선일보〉와 한국방송은 '비정한 모정'이라고 훈계했다. 노무현, 이명박, 박근혜로 이어진 14년의 세월 내내 대한민국 자살률은 압도적 세계 1위다.

문재인 정부가 출범한 올해도 이미 비극은 일어났다. 광주에서 등록금을 마련하지 못한 모녀가 저수지에서 자살했다.

시장경제 체제에서 어쩔 수 없는 일이라고 기만하거나 속단하지 말기 바란다. 얼마든지 비극을 막을 법제들이 있다. 이 나라 정치인들이 법과 제도로 만들지 않고 있을 뿐이다. 이 나라 언론인들이 무지하거나 교활해서일 뿐이다. 이 나라 교수들이 저만 편히 살고 있어서일 뿐이다. 한창 꿈을 펼치고 건강하게 성장해야 할 어린 딸들이 차디찬 바다에 잠긴 까닭이다.

저 엄마에게 돌 던질 자 있는가. 있다면 얼마든지 던져

라. 하지만 저 엄마가 갈 곳은 철창이 아니다. 상처를 치유
할 공간이다. 과연 그 공간은 대한민국에 있을까. 늦었지
만 향을 피워 두 영혼의 명복을 빈다.

___2017. 9. 19.

● 　　　생활고에 시달리던 40대 초반 여성이 어린 두 딸을 동해의 해수욕장에 데려가 통
닭을 사주고 방파제 끝에서 함께 바다에 뛰어든 사건이 일어났습니다. 현장을 목격한 사람의
빠른 대처로 구조가 시작되었습니다. 하지만 두 딸은 죽고 엄마는 병원에서 살아났습니다. 2017
년 9월 17일 법원은 살인 혐의로 중형을 선고했습니다. 그 비극에서 우리가 진정 짚어야 할 지
점은 무엇인가를 숙고하며 썼습니다.

노무현의 후회,
문재인의 선택

　누구나 대통령 자리에 앉으면 나라 경제가 부담일 수밖에 없다. 대한민국 오천만 국민이 먹고사는 문제라는 엄중한 책임감이 문득문득 엄습할 터다. 게다가 언론이 끈질기게 '경제위기'를 들먹이고 그 원인이 대통령의 경제정책에 있다고 몰아치면 흔들리게 마련이다.

　선한 대통령일수록 짐의 무게는 더 큰 법이다. 검증되지 않은 정책으로 국가경제를 실험하지 말라는 '협박'이 정치 모리배들 아닌 대학 교수의 입을 빌려 나올 때는 더 그럴 수 있다.

　하지만 그럴수록 찬찬히 짚을 필요가 있다. 경제위기를

부르대는 언론과 그 언론에 기웃거리는 교수들은 젊은이들 사이에서 '헬조선' 자조까지 나올 만큼 '나라답지 못한 나라'를 만든 일등공신이었다. 그 나라를 '나라다운 나라'로 바꾸려는 모든 움직임에 지난 수십여 년 내내 '색깔'을 칠하거나 '포퓰리즘' 딱지를 살천스레 붙여왔다.

그들 언론인과 교수들이 옹호해온 경제정책이 바로 오늘날 '자살률 1위, 출산율 꼴찌, 노동시간 최장, 청년 실업, 부익부 빈익빈'을 낳은 주범임은 무슨 보수와 진보의 가치 문제가 아니다. 엄연한 사실이다.

대한민국의 '지식권력'을 형성하고 있는 고위 언론인들과 '보수'를 자임하는 교수들 대다수는 수많은 젊은 세대가 절망하고 대다수 민중이 고통받던 그 시기 내내 호의호식해왔다. '경제위기'라고 아우성대지만 그 언론과 그 교수들의 경제생활은 전혀 위기가 아니었고 지금도 아니다. 노무현 정부의 경제성장률이 저조하다고 비난해대던 지식권력은 참여정부와 견줄 수 없을 만큼 낮았던 박근혜 정부의 성장률 앞에선 모르쇠를 놓는 '신공'마저 보였다.

바로 그래서다. 나는 문재인 정부가 경제 공약을 집요하게 흔드는 저들의 공격 앞에 더 당당하고 더 치열하기를 촉구한다. 까닭은 다른 데 있지 않다. 당장 고 노무현의 비극을 떠올려보라. 고인은 대통령 퇴임 직후에 이렇게 토로했다.

"내가 잘못했던 거는 오히려 예산을 가져오면 색연필 들고 '사회정책 지출 끌어올려' 하고 위로 쫙 그어 버리고, '여기에 숫자 맞춰서 갖고 와' 이 정도로 나갔어야 하는데…… 뭐 어디 어느 부처는 몇 프로 깎고, 어디는 몇 프로 올리고……. 사회복지 지출 몇 프로 올라가고, 앞으로 10년 뒤에는 어떻고 20년 뒤에는 어떻고 이러니까 가만 보고, '야 그것만 해도 많이 올랐네' 이리 간 거거든.

지금 생각해 보면, 그럴 거 없이 색연필 들고 쫙 그어 버렸으면 되는 건데……. '무슨 소리야 이거. 복지비 그냥 올해까지 30프로, 내년까지 40프로, 내후년까지 50프로 올려.' 그냥 쫙 그어 버렸어야 되는데, 앉아서 '이거 몇 프로 올랐어요?' 했으니……. 지금 생각하면 그래요. 그래 무식하게 했어야 되는데 바보같이 해서……."*

어떤가. 솔직히 성찰하고 고백할 수 있는 힘이야말로 '노

* 『진보의 미래』, 노무현, 돌베개, 2019.

무현 정신' 아닐까. 저 토로야말로 민주당이 뼈저리게 익혀야 할 교훈 아닐까. 아니, 더 정직하게 쓰자. 저 '대통령 노무현'의 피투성이 후회야말로 지금 현직 대통령 문재인이 심장에 새겨야 할 '유언' 아닐까.

곧장 소득주도성장 정책을 짚어보자. 최저임금만으로 소득주도성장이 가능하지 않다는 이야기는 이미 많은 사람이 해왔다. 복지의 획기적인 확대가 절실하다는 권고도 많다.

그럼에도 그것이 현실로 나타나지 않는 이유는 자명하다. 문재인 정부의 정책을 지금 좌우하는 사람들이 개혁적이긴 하지만 사회복지를 절실하고 절박하게 주장해온 이들은 아니기 때문이다.

나라다운 나라를 만들기 위해 평생을 바친 사람들은 청와대 비서실이나 민주당에만 있지 않다. 아니, 민주당 밖에 더 많다. 가령 사회복지를 확대하는 섬세한 정책 제안을 내놓은 사회운동가나 학자도 많다.

단적으로 묻고 싶다. 왜 그들과 함께하지 않는가. 고 노무현도 대통령 재직 때 '인사 폭'을 넓히지 못했다. 내가 아는 한, 성심을 다해 돕고자 한 이들이 대통령직 인수위원회에도 적잖았다. 하지만 '김병준'을 너무 오래 아꼈다. 굳이 과거를 꺼내는 까닭을 오해 없도록 다시 분명히 쓴다. 노무현의 후회, 문재인의 결단.

___2018. 7. 17.

●   촛불혁명으로 들어선 문재인 정부가 소득주도성장 정책을 힘 있게 추진하기를 촉구한 칼럼입니다. 소득주도성장은 제가 뜻을 같이한 벗들과 함께 창립한 연구원이 대한민국의 대안으로 2012년 5월에 내놓은 「리셋 코리아」의 핵심적인 경제정책입니다. 2017년 5월 대선에서 문재인 후보가 공약한 소득주도성장이 대통령이 되어서도 지지부진한 현실이 안타까웠습니다.

청와대의 참 이상한
'실사구시'

"중요한 것은 무슨 원칙이나 주의가 아니라 국민 삶을 개선하고 일자리를 늘린다는 실사구시 정신이다."

언론에 보도된 '청와대 관계자'의 말이다. 나는 그 '관계자'가 누구인지 모른다. 굳이 알고 싶지도 않다. 특정 개인보다 청와대의 전반적 기조가 중요해서다.

'실사구시'가 정부의 사회·경제 정책이 과거의 틀을 벗어나기는커녕 답습하고 있다는 비판이나 행정적 탄압을 받고 있는 전국교직원노동조합에 모르쇠를 놓고 있다는 비판을 의식한 발언이라면, 분명히 경고한다. 문재인 정부의 미래는 어둡다.

물론, 문재인 정부에 적극적인 사회·경제 정책을 촉구하는 지식인 300여 명의 공동선언을 놓고 송호근 서울대 교수처럼 "현실을 무시한 고루한 선비들"이라며 자신이 미쳐버릴 정도라고 깐죽대는 윤똑똑이도 있다.

재벌 신문에 오래 기고해온 송호근은 제멋에 겨운 그 칼럼에서도 "재벌 개혁? 총수 일가의 사익 편취 근절과 거버넌스 개조는 환영할 일인데, 온갖 규제로 목을 옥죄면 미래 대응적 투자가 가능할까?"라고 주장했다. 저야말로 '사민주의'를 아는 대가인 듯 우쭐대지만 결국 재벌 두남두기의 '교언영색 대가'일 따름이다. 딴은 삼성의 '장충기 문자' 명단에도 오른 그를 청와대 비서실은 올해 초 '공부'를 하겠다며 초청해 '강의'도 들었다.

명토박아 둔다. 그나마 300여 명의 지식인들이 적극적인 사회·경제 정책을 촉구한 내용은 청와대 관계자의 말을 빌리면 "무슨 주의"에서 나온 것이 아니다. 무릇 '실사구시'라는 말은 목표가 확고할 때 쓰는 말이다.

문제의 핵심은 지금 문재인 정부의 목표가 흔들린다는 데 있다. 복지정책의 획기적 확대나 노사 사이의 힘의 균형에 문제의식이 절절해 보이지 않는다. 정책 목표와 정책

손석춘 칼럼집

의지가 치열할 때 비로소 실사구시라는 말이 제 이름에 값할 수 있다.

거들먹거리는 '교언영색의 먹물들'과 달리 학자의 본분에 충실한 전문가들이 강조해왔듯이 국내총생산^{GDP} 대비 재정지출 비중에서 대한민국은 OECD 34개국 가운데 32위(32.35%)다. OECD 평균(40.55%)을 크게 밑도는 수준이다. 신자유주의 종주국 미국도 37.8%이다.

그 말은 문재인 정부에 사회·경제 정책 확대를 촉구하는 선언이 무슨 '주의'에서 비롯한 '원칙'이 아니라는 뜻이다. 더구나 한국 경제는 사회복지를 늘릴 조건도 갖추고 있다. 조세부담률이 20% 수준으로 OECD 평균 25%에 크게 떨어진다.

그럼에도 문재인 정부에서 최근 내놓은 세법 개정안은 외려 감세로 귀결되었다. 대체 어쩌자는 셈인가. 정치인 문재인을 무조건 지지한다고 대통령으로 성공하는 것이 아니다.

'세련된 보수 논객'을 초청해 청와대가 학습할 때도 아니다. 그렇지 않아도 조세부담 의제만 나오면 '세금 폭탄'이나 '기업 죽이기' 따위로 여론을 몰아치는 재벌 신문과 그 신문에 기고하며 틈날 때마다 진보 세력을 비난하는 '사이비 사민주의자'들로 대한민국의 여론 지형은 크게 뒤틀려 있다.

젊은이늘이 사랑을 나눠 아이를 낳으면 자녀수당, 보육비에 이어 대학 졸업할 때까지 교육비를 모두 챙겨주고, 1년에 휴가를 6주나 가고, 해고되더라도 실업수당이 나와 생존권에 위협을 받지 않는 사회는 무슨 꿈나라가 아니다. 인구가 적은 북유럽 국가만도 아니다. 보수당이 장기 집권하고 있는 독일도 그렇다.

한국 사회에서 '사회복지'를 이야기하면 대뜸 '포퓰리즘'을 떠올리는 사람들이 수두룩하다. 언제나 기득권을 대변해온 언론인과 교수들 '덕분'이다. 노동운동을 마녀 사냥해온 저들은 늘 '국가 경쟁력'을 들먹인다.

하지만 현실은 어떤가. 노사공동경영제도를 도입한 독일의 제조업과 경제는 세계 그 어느 나라보다 튼튼하다. 간곡히 거듭 촉구한다. 설령 패하더라도 제발 제대로 싸워보기 바란다. '촛불정부'의 참 이상한 '실사구시'로는 "국민 삶을 개선"할 수 없다. 대한민국 정부 수립 70년을 맞아 쓴다.

___2018. 8. 15.

● 촛불정부의 힘 있는 개혁을 거듭 촉구한 칼럼입니다. '장충기 문자'는 2018년 4월 '뉴스타파'를 통해 공개되었습니다. 한국 사회의 유력 언론인과 교수들이 장충기 삼성그룹 미래전략실 사장과 주고받은 문자입니다. 지식인들과 삼성의 유착을 증언해주었습니다. 문재인 정부가 흔들림 없이 개혁을 추진해 나가길 바라는 마음을 담았습니다.

'문재인 – 김정은 노믹스'와 미국

　문재인 – 김정은의 평양 정상회담을 앞두고 남과 북 모두 '새로운 시대'를 다짐했다. 〈노동신문〉 전망처럼 "드디어 평화의 길, 화해 협력의 길에 들어서게" 된 것일까.

　다짐과 전망이 현실로 나타나려면 정상회담 18년을 톺아볼 필요가 있다. 미국 중앙정보국^{CIA}과 연결된 국가정보자문회의^{NIC}는 2000년 12월에 낸 보고서에서 2015년 남북이 통일하고 동북아에서 강력한 군사력을 보유하리라 전망했다. 보고서는 근거를 명확히 밝히진 않았지만 2000년에 6·15 공동선언이 발표된 사실에 주목하면 충분히 짐작할 수 있다.

국내에서도 낙관적 분석이 봇물을 이뤘다. 김대중-김정일 회담은 물론, 2007년 노무현-김정일 회담으로 10.4선언이 발표되었을 때도, 2009년 미국에 오바마 정권이 들어설 때도 남과 북은 이미 통일의 길에 들어섰다는 담론이 줄을 이었다. 심지어 이명박 정권 시기에도 '2013년 체제'라는 담론이 희망적 관측을 담고 지식 사회에 퍼져갔다.

하지만 2015년 남북 관계는 충돌 위기 상황까지 맞았다. 가까스로 유지되어온 개성공단마저 2016년 2월 박근혜 정권이 전격 폐쇄했다. 이미 미국 NIC는 다른 전망을 하고 있었다. 2000년에는 남북이 2015년 통일을 이루리라 보았던 NIC가 2030년에도 남북 사이에 긴장이 이어지며 남한은 경제를 위해서는 중국과, 안보를 위해서는 미국과 긴밀한 관계를 유지할 것으로 내다봤다.

NIC 보고서를 과대 해석할 이유는 없지만 '강력한 군사력을 갖춘 통일 한국'은 언제나 일본을 중시하는 미국에 부담이 될 수 있다. 2000년 보고서가 조지 부시 정권의 평양 압박과 남북 대화를 견제하는 정책에 영향을 끼쳤으리라는 추측이 가능하다.

2012년 보고서를 짚어보면 "경제를 위해서는 중국과, 안보를 위해서는 미국과 긴밀한 관계를 유지"하는 남한에 대한 '불편함'이 읽혀진다. 2030년까지 남북 사이에 긴장이 이어진다는 전망에 미국의 희망이 담긴 것이라면 2018년 다시 시작한 남북 대화에 들뜬 낙관은 금물이다. 옹근 1년 전 나는 "촛불정부의 진지한 대화 제의를 미사일로 답하는 것은 용기가 아니다"라고 김정은에 촉구했다.(「김정은의 길, 문재인의 손」, 2017년 8월 15일)

서울과 평양은 1년 전과 견주면 어쨌든 가까워졌다. 그래서다. 지금이야말로 실사구시가 절실하다. 에두르지 않고 곧장 말한다. 남쪽의 부익부 빈익빈 체제나 북쪽의 '수령 경제 체제' 모두 겨레의 미래일 수 없다.

남쪽 사회는 자살률, 출산율, 노동시간, 사회복지를 비롯한 삶의 거의 모든 수준에서 선진 자본주의 체제와 현저한 격차를 보이고 있다. 북쪽은 과도한 명령 경제 체제가 이어지면서 1990년대 '대량 아사 사태'를 맞았다. 고비를 넘기고 시장이 퍼져가고 있지만 평양 밖 민중의 삶은 여전히 경제적 고통에서 벗어나지 못하고 있다.

남북 모두에 '문재인-김정은 노믹스'가 절실한 이유다. 5000년 역사에서 남북을 아우르는 경제 발전 구상은 한 차

례도 없었다. 왕조시대에서 곧바로 식민지, 분단으로 이어졌기 때문이다. 남북은 인구 7500만 명이 넘기에 남쪽은 과도한 수출입 의존도를 줄이고 새로운 성장 동력을 발견할 수 있으며 북쪽은 풍부한 지하자원과 우수한 노동력으로 경제 발전을 이룰 수 있다.

정치적 통일은 마음에서도 미뤄야 마땅하다. 남과 북이 경제 발전을 공동으로 구상하고 협력해서 각각 부익부 빈익빈 체제와 수령 경제 체제를 넘어서는 '문김 노믹스'를 구현해간다면, 통일은 저절로 온다. 문제는 문김 노믹스의 장애물이다. 현재 가장 큰 걸림돌은 '북미 핵문제'—북 핵문제가 아니다—이다.

안타까운 것은 일방적으로 미국을 대변하는 국내 매판적 언론권력이다. 그럼에도 문김 노믹스의 꿈과 의지를 공유할 수 있다면 엄연한 현실인 북미 핵문제도 남과 북이 공동으로 넘어서야 옳다. 국제사회 여론을 트럼프의 미국 아닌 남북이 주도해가야 한다. 김정은의 결단이 더 필요하다. 문재인이 내민 손을 잡기 바란다.

___2018. 9. 19.

● 　　문재인-김정은의 남북 정상회담이 2018년 9월 18일부터 20일까지 평양에서 열렸습니다. 북쪽 언론은 '북남 수뇌 상봉'으로 보도합니다. 대한민국과 조선민주주의인민공화국 사이에 다섯 번째 정상회담입니다. 남북 정상회담이 의미 있는 결실을 거두는 데 도움이 될 수 있기를 바라며 쓴 글입니다. 정상회담이 '평화, 새로운 미래'를 내걸었기에 더 그랬습니다.

400년 전 '한 괴물'의
슬픈 칼럼

"그는 천지간의 한 괴물이다. 몸뚱이를 수레에 매달아 찢어 죽여도 시원치 않고 그 고기를 찢어 먹어도 분이 풀리지 않을 것이다. 그의 일생에 해온 일을 보면 악이란 악은 모두 갖추어져 있다."

도대체 누구일까. 그 괴물은. 실제로 몸이 찢겨 죽었다. 옹근 400년 전의 시월, 이 땅에서 일어난 일이다. 대체 온갖 점잖 떠는 '선비'들이 왜 저토록 험한 말로 명문가의 적자 허균을 찢어 죽였을까.

오늘의 한국인에게 허균은 1200만이 본 영화 〈광해, 왕이 된 남자〉에 등장하는 도승지로 기억될 성싶다. 광해군이 의식을 잃자 똑같이 생긴 광대를 대리로 세운 도승지가 '광대 광해'를 통해 개혁을 펴나가는 영화에 관객은 호응했지만 역사에서 그런 일은 없었다. 광대가 왕을 내리하는 발상은 마크 트웨인의 『왕자와 거지』가 그렇듯이 가상에서나 가능한 일이다.

영화 속 허균이 실존 인물과 다르다고 실망한다면 천만의 말씀이다. 역사적 허균은 영화의 허균보다 더 역동적인 삶을 살았고, 마크 트웨인보다 더 민중의 사랑을 받은 소설을 남겼다. 『홍길동전』이 그것이다.

소설 못지않게 짧은 논설에도 공을 들였다. 요즘 장르로 칼럼이다. 존 스튜어트 밀의 『자유론』이나 헨리 데이비드 소로의 「시민 불복종」보다 200여 년 앞서 발표된 「호민론」은 지금도 생동생동 울림을 준다.

"천하에 두려워할 바는 오직 민이다."

첫 문장이다. 왕조시대에 쓴 글임을 감안하면, 거친 선언이다. 바로 다음 문장에서 묻는다.

"홍수나 화재, 호랑이, 표범보다도 훨씬 더 백성을 두려워해야 하는데, 윗자리에 있는 사람이 항상 업신여기며 모질게 부려먹음은 도대체 어떤 이유인가?"

21세기인 오늘날도 그 물음은 절실하다. 묻고 싶다.

"누가 민중을 두려워하는가?"

아예 '민중'이라는 말조차 시나브로 사라질 만큼 아무도 민중을 무서워하지 않는다. 틈만 나면 수구 언론과 수구 정당이 '종북좌파' 따위의 굴레를 덧씌우기 일쑤인 우리 시대에 400년 전 허균의 칼럼은 눈부시다.

가령 오늘의 현실을 보자. 비정규직 850만, 농민 300만, 영세 자영업인 600만, 청년 실업 100만 명을 비롯해 유권자 대다수가 민중이다. 그럼에도 노동인과 농민, 영세 자영업인, 청년 실업자들을 무서워하기는커녕 곳곳에서 무시하는 갑질이 횡행하고 있다.

허균의 문법을 빌려 묻고 싶다. 도대체 어떤 이유인가? '천지간의 괴물'은 까닭을 '항민恒民'에서 찾았다. "즐거워하느라, 항상 눈앞의 일들에 얽매이고, 그냥 따라서 법이나 지키면서 윗사람에게 부림을 당하는 사람들"이다.

항민만도 아니다. "끝없는 요구를 채워주느라 시름하고 탄식하면서 그들의 윗사람을 탓하는 사람들"이 있다며 그들을 '원민怨民'이라 불렀다. 원민도 두려워할 필요 없다. 그저 원망에 그치기 때문이다.

하지만 모든 민중이 항민과 원민은 아니다. 시대를 "흘겨보다가 자기의 소원을 실현하고 싶어하는 사람들"이 있다며 그들을 '호민豪民'이라 불렀다. 소설 『홍길동전』은 그가 항민과 원민들에게 제시한 호민의 이상이다.

허균은 또 다른 칼럼 「유재론」에서 "변변치 않은 나라인데다 양쪽 오랑캐 사이에 끼어 있으니, 인재들이 모두 나라를 위해 쓰이지 못할까 두려워해도 오히려 나랏일이 제대로 될지 점칠 수 없다. 그런데도 도리어 그 길을 막고는, '인재가 없다. 인재가 없어'라고 탄식만 한다"고 개탄했다.

천재 허균을 질시한 권력 지향적 사대부, 고위 공직자들과 언론인들은 기어이 그를 찢어 죽였다. 그 후 400년 겨레의 숱한 인재들이 죽임을 당하거나 배제되었다.

부라퀴들이 나랏일을 독점한 결과다, 나라가 망하고 지금도 분단으로 이어지고 있는 현실은. 400년 전 참혹하게 이 땅을 떠난 지식인 허균의 영전에 술 한 잔 바친다.

___2018. 10. 17.

● 1618년 한을 남기고 참혹하게 숨진 천재 허균의 400주기를 맞아 쓴 칼럼입니다. 마크 트웨인이나 존 스튜어트 밀, 헨리 소로는 알면서도 정작 그들보다 앞서 민중이 역사 발전의 원동력임을 간파한 허균의 사상은 잘 알려져 있지 않습니다. 인재를 중시하지 않는 조선왕조의 몰락이 오늘의 대한민국에 던지는 의미도 짚어보았습니다.

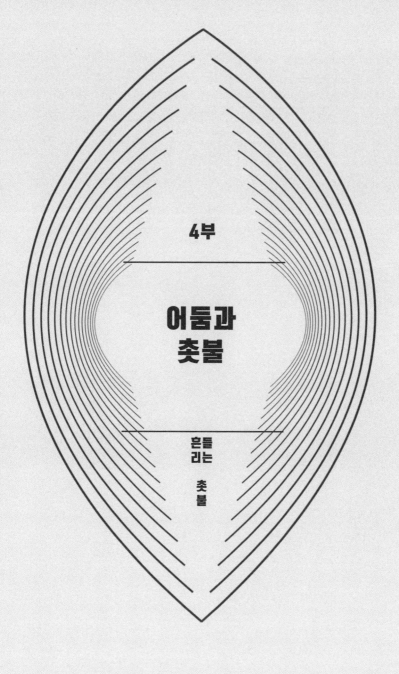

4부

어둠과
촛불

흔들
리는

촛불

김미숙의 슬픔,
문재인의 사과

"우리나라를 바꾸고 싶습니다. 아니, 우리나라를 저주합니다."

화력발전소 비정규직 고 김용균의 어머니 김미숙 님의 절규다. 두루 공감하겠지만 더없이 순수한 모습이다. 동영상으로 본 아들 김용균의 생전 얼굴도 티 없이 맑다.

기자회견장에 나온 아버지의 침묵은 되우 서럽다. 착한 아들 잃은 어머니의 '대한민국 저주'를 다독이고자 이 글을 쓰지 않는다. 그 '저주'의 가슴을 절실히 느끼지 못하는 기득권 세력의 굳은 머리를 위해 쓴다.

김용균의 참혹한 최후는 나 또한 어느새 기득권의 하나

가 되었음을 벼락처럼 깨우쳐주었다. 2016년 5월 서울 지하철 구의역에서 안전문을 수리하던 열아홉 살 비정규직 김건우가 비참하게 숨졌을 때 나는 칼럼과 강연으로 날을 세워 비판했다. 이명박-박근혜 정부의 신자유주의 정책이 '범인'이라고 분석했다.

수리에 몰입하다가 수시로 오가는 열차를 못 볼 수 있어 2인 1조 원칙이 세워졌지만 돈만 아는 현실은 딴판이었다. 건우에게 저세상에선 '컵라면 먹지 말고 밥 먹고 다니라'고 쓴 붙임딱지 글에선 우리 시대 젊은이들의 슬픔이 뚝뚝 묻어났다.

「누가 그들을 죽이는가」를 제목으로 쓴 칼럼 마지막은 앞으로도 "'비정규직 노동자를 더는 죽이지 말라'거나 '누가 그들을 죽이는가' 따위의 칼럼을 써야 할까. 그럴 수는 없지 않은가"라고 맺었다.

박근혜의 정책을 '자본독재'로 비판했다. 그해 늦가을 촛불혁명이 일어났다. 그리고 2018년 12월 11일 태안 화력발전소에서 일어난 참극 앞에 나의 분노는 적잖이 무뎌졌다. 제목부터 처음에 '문재인의 사과'라고 썼다가 '대통령의 사과'로 고쳐 쓰는 부끄러운 짓을 저질렀다.

제목을 다시 고치고 저 외동아들 잃은 어머니의 절규를 곱새긴다. 어머니는 아들이 일하던 밀폐된 현장을 고발했다.

"석탄 먼지가 너무 날려서 플래시 켜도 뿌옇게 보였습니다. 그 안에 머리를 넣어 옆면을 보고 석탄을 꺼내는 거라고 하더라고요. 컨베이어벨트가… 위력도 세고 빠른 속도로 이동한다고 들었어요. 그 위험한 곳에 머리를 집어넣었다니, 저는 기가 막혔습니다."

효자 아들의 최후 모습을 눈물로 적은 뒤 말했다. "아들이 일하던 곳, 정부가 운영했잖아요. 정부가 이런 곳을 운영한다는 게 믿기지 않았습니다."

어머니의 하소연은 문재인 대통령으로 이어진다. "당선되고 하나도 이루어지지 않았습니다. 말로만입니다. 저는 못 믿습니다. 실천하고 보여주는 대통령이었으면 합니다. 행동하는 대통령이 되기 바랍니다."

누가 이 어머니에게 '정치적'이라 비난할 것인가. 아니 나는 차라리 이 어머니가 진정으로 정치적이길 간절히 바라고 있다. 대책위는 어머니도 참석해 청와대 앞에서 17일 연 기자회견을 통해 여야 국회의원들이 구의역 참사 현장을 방문했지만 노동인들이 안전하게 일할 수 있는 법안 하나 통과한 것이 없다고 분노했다.

실제로 국회는 '싸구려 노동판' 따위를 들먹이는 자유한국당 의원들의 몽니로 개혁 입법이 지지부진하다. 대책위가 '위험의 외주화'를 금지하는 법 개정, 중대재해 기업처벌법의 연내 처리를 강력히 요구한 까닭이다.

하지만 과연 모두 자한당 탓일까. 대책위도 '문재인 대통령 사과'를 요구했다. 청와대 참모들로서는 이치에 맞지 않다고 조언할 터이다. 하지만 고 김용균이 대통령을 만나고 싶어했다. 나는 문 대통령이 정중히 사과하리라고 믿는다. 그 사과가 청와대 비서실과 내각의 대대적 개편으로 이어져 전환점을 마련하길 바란다.

비서실과 내각에 촛불정부의 열정과 참신성, 개혁 과제를 구현하려는 치열함이 뚝뚝 묻어나야 한다. 아울러 아들 잃은 어머니와 당신의 통곡에 공감하는 모든 이에게 순서만 바꿔 함께 다짐하기를 간곡히 제안한다.

"우리나라를 저주합니다. 아니, 우리나라를 바꾸고 싶습니다."

___2018. 12. 18.

● 　　　　공기업 일터에서 참혹하게 외아들을 잃은 어머니가 오열했습니다. 당신은 아들의 찢겨진 주검을 보고 "우리나라를 저주한다"고 외쳤습니다. 충분히 공감했습니다. 항의하는 그분에게 사람들은 '정치적'이라고 수군댔습니다. 어머니께 용기를 주고자 당신의 이름을 칼럼 제목으로 내세워 썼습니다. 저의 예상과 달리, 아니 어쩌면 기대처럼 김미숙 님은 정말 잘 싸워가셨습니다.

　　　　　　　　　　손석춘 칼럼집

정치판의 촛불,
김미숙의 정치

김미숙. 그 이름을 어떻게 써야 할지 난감하다. 참혹하게 잃은 아들의 이름을 앞에 쓰자니 가슴이 아린다. '씨'를 붙이기엔 너무 한가롭다. 지난 칼럼에서 '어머니'를 강조한 까닭이다.

나는 지금 그 이름과 전태일의 어머니 이소선을 견주고 싶진 않다. 기대하지 않아서가 아니다. 너무 가시밭길이어서다. 더구나 나는 먹물로 지내며 그 길을 권하기란 염치없는 짓이다.

'나라에서 운영하는 기업'의 '상상도 못 했던 열악한 노동환경'에서 착하고 성실했던 아들이 참사를 당했기에 어머니는 문재인 대통령에게 추궁하듯 하소연했다. 행여 어머니에게 악성 댓글이 인터넷에 오르내릴까 싶어 "누가 이 어머니에게 '정지석'이라 비난할 것인가. 아니 나는 차라리 이 어머니가 진정으로 정치적이길 간절히 바라고 있다"고 썼다.

기우였다. 어머니 김미숙은 여의도 정치판과 당당히 맞섰다. 국회의사당으로 들어가 '김용균법' 통과를 국회의원들에게 다그쳤다. '국가경제'를 언죽번죽 들먹이는 자유한국당을 압박해 마침내 법안 통과를 이뤘다.

그랬다. 김미숙은 2018년 세밑 국회의사당의 촛불이었다. 제 잇속이나 제 사람 챙기기로 일관해온 정치판의 짙은 어둠을 온몸으로 여울여울 밝혔다.

하지만 마음 놓을 수 없었다. 통과된 산업안전법은 자유한국당의 개입으로 '누더기'가 되었기 때문이다. 김미숙은 〈세계일보〉와의 인터뷰에서 "형벌의 상한선은 높아졌지만 하한선이 없어 '솜방망이 처벌에 그치는 건 똑같다. 용균이 동료들도 (위험의 외주화 범주에) 안 들어갔는데 새로 진일보한 김용균법이 나와야 한다고 생각한다"고 강조했다.

대통령의 늦은 만남 제안에도 냉철을 잃지 않았다. 진상 조사와 책임자 규명조차 전혀 이뤄지지 못한 상황에서 만나면 자칫 상황이 종료될 수 있다는 우려 때문이다. 대책위에서 일하는 박석운 민중공동행동 대표는 "문재인 대통령이 여러 차례 국민이 납득할 수 있도록 진상 조사와 정규직화를 지시했는데, 대통령 령이 안 서는 건지 사장들이 항명하는 것인지 납득이 안 된다"고 개탄했다.

정말이지 나도 궁금하다. 대통령의 지시를 왜 내각과 비서실이 수행하거나 점검하지 않는가. '친정 체제' 노영민 비서실장이 치열하게 짚어볼 사안이다. 내각에서 대통령의 생각을 구현하지 않고 있는 사안은 하나둘이 아니기 때문이다.

어머니 김미숙은 그 자신도 비정규직 노동인으로 알려졌다. 인터뷰에서 우리는 아들 잃은 고통의 시간을 어머니가 어떻게 견뎌내고 있는지 엿볼 수 있다.

"힘들다. 잠을 거의 못 잔다. 두세 시간 자다가도 벌떡벌떡 깬다… 지금 이때 나서지 않으면 (사안의 관심이 떨어져) 아무것도 못 이룬다고 생각하기 때문에 할 수 있는 건 다 하려고 한다. '나라가 어떻게 하면 바뀔 수 있을까, 어떻게 하면 용균이 동료들을 살릴까' 자다가도 이 생각이 지워지지 않는데 그럴 때면 휴대폰에 이것저것 적는다."

그 적바림을 바탕으로 김미숙은 집회에서 읍소한다. 어머니는 아들이 숨지기 전에 이미 11명이 참사를 당했다는 사실이 되우 안타깝다. 자신이 가만히 있으면 13명째 참사가 일어날 수 있다는 생각이 어머니를 용기 있는 실천에 나서게 했다.

김미숙은 이 나라 노동인들에게 드리운 깊은 어둠을 밝혀가고 있다. 지상 75m에서 세계 최장기간 굴뚝농성을 벌인 노동인 홍기탁과 박준호는 협상 타결의 배경을 김용균의 죽음에 이어 어머니가 비정규직 고통 호소에 앞장서며 사회 여론이 움직인 데서 찾았다.

묻고 싶다. "나라가 어떻게 하면 바뀔 수 있을까"를 오늘의 어머니처럼 밤잠 설치며 고심하는 정치인이 지금 국회에 과연 몇 명이나 될까. 청와대 비서실과 내각에는 또 얼마나 있을까.

외동아들 빼앗긴 비정규직 노동인 김미숙의 정치는 정치판의 촛불이다. 글로나마 서툰 연대의 인사를 건넨다. 힘내시라. 수많은 민중이 보이지 않는 곳에서 응원하고 있다.

___2019. 1. 15.

●   고 김용균의 유족은 2019년 2월 18일이 되어서야 청와대에서 문재인 대통령을 만났습니다. 참사가 일어난 지 69일 만이었습니다. 어머니는 "우리 용균이가 너무나 열악한 환경에서 죽음을 당해 너무 억울하고 가슴에 큰 불덩이가 생겼다"며 "진상 조사만큼은 제대로 이뤄질 수 있도록 대통령이 꼼꼼하게 챙겨주길 바란다"고 간곡히 호소했습니다.

노덕술의 국가,
김원봉의 조국

　일제강점기에 친일은 모두 엄벌해야 할까. 부끄럽게도 어쩌다 늙은 나는 그리 생각하지 않는다. 친일 행위에 상황을 감안하자는 주장도 어느 정도 받아들이고 있다.

　마찬가지로 독립운동은 아무리 작아도 정당히 평가해야 옳다. 독립운동은 단순히 '희생적'이라는 말로 이해할 수 없다. 친일파가 호의호식하며 자녀를 키울 때, 풍찬노숙하고 후손도 불행한 삶을 살 수밖에 없을 정도로 목숨을 건 투쟁의 길이었다.

　3·1혁명 100돌을 앞두고 명토박아 둔다. 독립운동을 어떤 이유든 폄훼한다면 자기 성찰이 얕아서다. 최종 평가

기준은 1945년 8월 15일이다. 아무리 독립운동을 했어도 그 시점에 친일을 했다면 변절자일 수밖에 없다. 친일을 했더라도 '개과천선'해서 그 시점에 독립운동을 했다면 유공자로 평가해야 옳다. 요컨대 그 시점에 일제와 싸우고 있었다면 그의 사상이 무엇이든, 또 해방 이후의 행적이 무엇이든 그 사람은 독립유공자로 판단해야 상식이다.

그럼에도 지금까지 대한민국은 정치적, 사상적 이유로 독립운동가들을 국가유공자에서 배제하거나 낮춰왔다. 그 가운데 극히 일부를 유공자로 선정하면서도 마치 무슨 시혜나 선심 차원에서 주는 모습마저 보였다. 국가보훈처가 규정에 따른 심사를 한 뒤에 '사상'을 이유로 무조건 한 등급씩 깎는 어이없는 일까지 벌어졌다.

과연 그래도 좋은가. 이는 보수 정부냐 진보 정부냐의 문제가 아니다. 대한민국 국격의 문제다. 현실은 사뭇 개탄스럽다. 두루 알다시피 노덕술은 단순한 친일 경찰이 아니다. 독립투사들을 체포하고 고문하는 데 앞장선 천하의 악질이다. 일제로부터 훈장마저 받을 정도로 악명 높았다.

탐욕스런 노덕술이 가장 체포하고 싶던 독립투사가 약산 김원봉이다. 현상금 100만 원, 지금 돈으로 340억 원 안

팍이다. 독립운동의 대명사 백범 김구 현상금의 거의 두
배다.

1945년 8월 15일 시점에 약산은 대한민국 임시정부의
국무위원으로 국방장관 격이었다. 본디 공산주의자가 아
니었다. 그 순간에 노덕술은 재빨리 숨었다. 친일 죄악이
너무 또렷했다.

그런데 정작 해방 뒤 귀국한 약산을 노덕술이 체포한다.
해방정국에서 다시 경찰 간부가 된 노덕술은 친일파 청산
을 주창하는 약산의 뺨을 갈기며 고문했다. 여운형이 암살
되고 생명에 위협을 느낀 약산은 월북한다. 곧 김구조차
총을 맞는다.

김일성은 의열단을 이끈 김원봉을 무시할 수 없었다. 정
권을 세울 때 입각시켰지만 결국 1950년대 중반을 거치며
숙청했다.

일제가 세계사적 현상금을 건 독립운동의 상징 김원봉
은 지금 남과 북 어디에서도 평가받지 못하고 있다. '밀양
사람' 김원봉만이 아니다. 월북했지만 숙청당해 평양에서
아예 지워진 독립투사들을 온전히 평가하는 결단이 오히
려 대한민국의 정당성을 높일 수 있다.

더구나 평양의 특정 가계 중심 독립운동사 서술에도 간접적이나마 비판적인 눈길을 던지면서 남북을 아우른 독립운동사의 새로운 지평을 열어갈 수 있다. 지금 국가보훈처가 해야 할 일이다.

그럼에도 대한민국 언론을 보라. 가령 〈조선일보〉는 "독립운동한 '북 지도부'도 대한민국 유공자인가?"라든가 "김원봉 독립유공자 서훈? 김일성에게도 훈장 줘라" 따위의 자극적이고 선동적인 표제를 엉뚱하게 내놓는다. 사주가 친일파인 신문답지 않게 얼핏 애국심이 넘쳐 보인다.

그런데 참으로 생게망게하다. 3·1혁명 100돌을 맞도록 노덕술 따위가 이승만의 훈장을 받아 대한민국 국가유공자인 현실엔 침묵한다. 자유한국당의 정치꾼들은 접어두자. 뿌리가 친일인 신문과 방송에 부닐며 김원봉을 도마에 올리는 교수들의 작태는 민망할 정도다. 대체 그 '애국자'들이 노덕술에 침묵하는 까닭은 무엇일까.

묻고 싶다. 대한민국은 노덕술의 국가인가? 약산의 원혼은 작금의 국가유공자 서훈 논란을 정중히 거부할 성싶다. 그럼에도 후손들의 의무는 있다. 약산을 온전히 평가하는 일이다.

뒤늦게나마 남이든 북이든 먼저 그를 올곧게 평가하는 나라가 김원봉의 조국이 될 터이다. 나는 그 나라가 대한민국이길 바란다.

___2019. 2. 19.

●   일제가 세계사적 현상금을 내걸고 가장 잡고 싶었던 독립운동가는 남과 북 어디서도 그의 독립운동을 평가받지 못하고 있습니다. 국가보훈처 혁신위원회에서 김원봉의 독립운동을 온전히 평가해주자는 논의가 있었지만, 언론은 그것을 사실과 다르게 자극적으로 보도하며 '마녀 사냥'에 나섰습니다. 문재인 대통령은 2019년 8월 국가보훈처장을 교체했습니다.

북유럽 6박 8일과
문재인의 '영감'

대통령이 북유럽 3개국을 돌아보고 귀국했다. 6박 8일이다. 박근혜 정부의 청와대 대변인이었던 이는 '피오르드 관광'이라 언죽번죽 빈정댔지만, 제 '안경'으로 세상을 보는 꼴이다.

현직 대통령이 북유럽 순방을 떠나는 날, 나는 정치인 문재인이 무엇보다 많이 둘러보고 오기를 기원했다. 호의적인 언론들은 문 대통령이 '국민을 위한 평화'의 중요성을 강조한 '오슬로 구상'과 "평화는 핵이 아닌 대화로 이룰 수 있다"는 '스톡홀름 제안'으로 눈길을 끌었다고 보도했다.

내가 더 눈여겨본 대목은 문 대통령이 스웨덴 살트셰바

덴에서 언급한 "한국의 경제적인 패러다임 전환"이다. 대통령은 "성숙한 정치 문화, 안정된 노사 관계, 세계적 수준의 혁신 경쟁력과 복지제도를 갖춘 스웨덴은 모든 면에서 귀감이 되는 선진국"이라며 한국은 스웨덴으로부터 "많은 영감을 받고 있다"고 말했다.

스웨덴 노사 관계와 교육 현장을 두 차례 들여다보고 온 나로서는 문 대통령이 말한 "많은 영감"이 단순한 '외교적 언사'가 아니라고 믿는다. 문제는 그 영감의 구현이다. 새로운 구상을 하기엔 6박 8일은 짧을 수 있다. 하지만 정치인에게 소중한 미덕은 언제나 결단이다.

대통령이 강조했듯이 살트셰바덴은 "오늘의 스웨덴이 있게 한 곳"이다. 그곳에서 노동과 자본은 대타협을 시작했다. 하지만 문재인 정부가 추진해온 노사 대타협 정책은 스웨덴과 사뭇 다르다. 가장 큰 문제는 '민주노총에 대한 과도한 압박'이다. 만일 그것이 대통령의 의도가 아니라면, 지금보다 더 큰 그림으로 현실을 짚어야 옳다.

나는 촛불정부가 전교조를 '법외노조'로 통보한 박근혜의 만행을 왜 되돌리지 않는지 도무지 이해할 수 없다. 법적 판단을 기다리라는 말이 아예 그른 것은 아니다. 하지만 집권 2년이 더 지났다.

대통령이 순방을 떠나기 전에 민주화에 앞장서온 원로 300여 명과 사회단체 1600여 곳이 전교조 창립 30돌을 앞두고 기자회견을 열었다. '법외노조라는 해괴망측한 전교조 탄압'을 바로잡지 않으면 '타도 운동에 앞장서겠다'는 재야 원로 백기완의 시퍼런 다짐도 있었다.

청와대 '핵심 관계자'라는 참모의 반응은 한없이 가벼웠다. '법 개정을 통해 문제를 해결해야' 한단다. 한국당이 몽니 부리는 국회를 몰라서 하는 말인가? 물론, 법 개정 해야 한다. 하지만 그 전에 행정부가 할 수 있는 일이 있다. 왜 최선을 다하지 않는가.

북유럽에선 초·중·고 학교에서 노동3권을 비롯한 노동교육을 한다. 한국에서 어느 교사가 그런 교육의 절반이라도 시도할라치면, 전국기간제교사노조를 만든 박혜성 교사가 『우리도 교사입니다』라는 책에서 낱낱이 증언하듯 계약해지를 당한다. 그게 날 선 교육 현실이자 노동 현장이다.

작금의 언론과 교육을 그대로 두곤 '북유럽의 영감'은 영글기조차 어렵다. 한국인 대다수가 노동의 권리를 자신과 무관하게 여긴다. 그 상황에서 전교조의 간절한 요구엔 모르쇠를 놓고 민주노총에만 양보를 강요하는 모양새로는 대타협을 이룰 수 없다.

북유럽 영감을 구현하려면 언론 개혁이 필요하다. 하지만 그것은 대통령의 의지만으로 이뤄지지 않는다. 교육 개혁과 노동 개혁은 다르다. 그 접점에 전교조가 있다. 허물 없는 정치인 없듯이 흠결 없는 단체는 없다. 교육과 언론을 통해 줄곧 마녀 사냥 당해온 민주노총과 전교조를 촛불정부의 우군으로 삼아야 옳다.

나는 대한민국의 이상이 북유럽이라고 믿지 않는다. 우리와 조건도 다르다. 하지만 북유럽이 대한민국보다 더 나은 체제임은 두말할 나위가 없다. 북유럽이 노사 대타협을 통해 오늘의 복지국가를 이룬 과정에서 우리가 얻을 교훈은 노사 사이에 힘의 균형이다.

지금은 기회다. 방안도 있다. 전교조의 법외노조 통보 취소가 새 출발일 수 있다. 정치인 문재인의 대통령 임기가 북유럽 순방을 전환점으로 달라지기를 이 땅의 민중과 더불어 기대한다.

___2019. 6. 19.

● 　　북유럽을 순방하며 복지국가 체제를 높이 평가한 문재인 대통령이 정작 그 체제의 동력이 노동조합 운동이라는 사실을 인식하지 못하고 있다는 판단이 들었습니다. 박근혜 정부가 전국교직원노동조합(전교조)을 돌연 법적 권리를 행사하지 못하는 '법외노조'로 만들었는데 촛불정부가 그 잘못된 탄압을 바로잡지 못하고 있는 현실을 비판했습니다.

'조용한 일본인' 귀하

안녕하세요. 어느새 10년이 더 흘렀습니다. 한일 관계는 안타깝게도 무장 악화되어 있습니다. 당신의 우려도 크리라 짐작됩니다. 우리가 만난 곳은 출판기념회가 끝난 뒤풀이 자리였지요. 한국의 근현대사를 다룬 제 소설을 일어로 옮긴 분과 친분이 있다고 들었습니다.

저는 그날 뒤풀이 자리에서 일본의 힘을 느꼈습니다. 스무 명 남짓이 큰 상에 둘러앉아 각자 소설을 읽고 강연 들은 소감을 이야기했지요. 가장 연로하신 분이 흘린 눈물, 기억하시나요. 일제 말기 서울에서 교사였다던 그분은 청초한 여학생 제자들을 전장에 보낸 자신의 죄를 뉘우치며

산다고 고백했습니다. 모두 숙연했고 저는 착잡했지요.

요즘 저는 당신처럼 조용하고 깔끔한 일본인을 서울에서 봅니다. 중년이 아닌 젊은이들인데요. 대학 강의실에 일본 유학생이 늘어나고 있습니다. 몇 학기 경험한 일본 유학생들은 두루 조용하고 단정합니다. 어렸을 때부터 '남에게 폐 끼치면 안 된다'는 교육을 무시로 받는다고 들었습니다.

그런데 언론의 역사를 다루는 과목에서 일본 제국주의가 한국인들을 어떻게 학살했는가를 함께 공부하다 보면 일본 학생들의 반응이 놀랍습니다. 중고등학교에서 배운 역사와 너무 다르답니다.

죽창을 들고 혁명에 나선 조선 민중을 일본 군대가 미국에서 수입한 기관총으로 대량 학살한 사실도, 일제강점기에 수많은 독립운동가들을 고문하고 죽인 사실도 처음 듣는다고 토로했습니다. 일제가 독립운동에 나선 조선 여성들에게 얼마나 야만적인 고문을 저질렀는가도 깜깜히 모르더군요.

남에게 폐 끼치면 안 된다며 조용하고 겸손하게 살아가는 일본인들이 정작 자신들의 국가가 이웃나라를 침략해

자행한 대량 학살을 모르는 까닭은 간명합니다. 일본 스스로 제국주의 청산을 못 했기 때문이지요.

총리 아베만 하더라도 일본제국의 'A급 전범'이던 기시 노부스케의 외손자이잖습니까. 미국의 정치적 판단으로 재판에서 살아남은 기시가 총리가 되어 추구한 정책이 '평화헌법' 개정과 미일 동맹 강화, 군사력 증강이었지요. 현 총리 아베는 공공연히 외조부를 계승한다고 밝혀왔습니다.

아베는 '경제 압박의 칼'을 빼어들곤 한국이 1965년 한일청구권협정과 2015년 '위안부 합의'를 이행하지 않는다고 거적눈 부라립니다. 딱히 아베만이 아니지요. 일본 정계에선 언제까지 한국에 사과하느냐는 분노까지 일었다고 들었습니다.

기실 이 또한 간명한 이치입니다. 사과에 진정성이 있고 없는 것은 피해자가 가장 잘 느낍니다. 아베에게 진정성이 없다는 것은 '한국 경제를 망가트리겠다'고 나선 지금의 모습이 증명해줍니다.

1965년 협정과 2015년 합의에 공통점이 있습니다. 한국 당사자가 박정희와 그 딸이라는 사실만은 아닙니다. 한일협정은 주권자인 국민의 뜻과 어긋난 밀실 합의였고, '위안부 합의'도 당사자 뜻을 전혀 반영하지 않았습니다. 박정희는 부마항쟁을 계기로 죽음을 맞았고 박근혜는 촛불혁명으로 대통령에서 쫓겨났습니다. 둘 다 주권자인 민중의 심판을 받았지요. 권력을 아래로부터 바꾼 경험이 없는 일본 정치에선 선뜻 이해하기 어려울 수도 있습니다.

그런데 협량한 아베의 칼은 비단 한국인의 문제만이 아닙니다. 이른바 '대일본제국'이 당대의 일본인들에게 어떤 참화를 불러왔는지 짚을 필요가 있습니다. 물론, 한국도 일본제국의 잔재를 다 청산하지 못했습니다. 일본제국의 조선 강점이 없었다면 남북 분단의 고통도 없었을 터입니다. 다만, 한국인의 촛불은 멈추지 않고 벅벅이 나아갈 것입니다.

지금은 '조용한 일본인'들이 자신에게 다가오는 '제국의 쓰나미'를 성찰할 때입니다. 한국 민중이 애면글면 촛불을 들었듯이 '조용한 일본인'도 권력의 어둠에 촛불 밝히기를 기원합니다. 한국 민중과 일본 민중이 손잡고 진정한 평화 시대를 열 그날을 소망하며 총총 줄입니다.

__2019. 7. 15.

●   2019년 여름, 일본의 아베 정권이 우리에게 '경제전쟁'을 사실상 선전포고했습니다. 당연히 반일 감정이 높아졌습니다. 불매운동도 벌여야 마땅합니다. 다만 일본의 아베 정권과 일본 민중을 구분해서 대응할 필요가 있다고 봅니다. 일본의 양식 있는 민중을 우리 쪽으로 끌어당겨 연대할 때, 일본과의 갈등을 근본적으로 풀어갈 수 있습니다.

우울한 현대사,
광복절의 우수

한여름과 우수는 잘 이어지지 않는다. 하지만 일본이 경제전쟁을 선전포고 한 상황에서 맞는 광복절은 착잡하다.

3·1혁명 100돌에 맞춰 낸 소설을 놓고 지상파 방송에서 대담을 나눌 때였다. "이래서 현대사를 들여다보기 싫어요. 우울해지거든요." 진행자가 녹화 중간에 쓸쓸한 미소로 건넨 말이다. 의열단 김상옥이 일제와 총격전을 벌이는 과정에서 10발을 맞고도 싸우다가 마지막 한 발로 자결한 이야기를 나눈 뒤였다. 언론계 후배 이전에 젊은 세대가 우리 역사에서 느낄 비애가 새삼 사무쳤다.

모든 우울이 병적인 것은 아니다. 철학자 김동규는 『멜

손석춘 칼럼집

랑콜리 미학』에서 서양철학과 예술을 관통하는 우울을 포
착했다. 슬픈 운명을 타고난 인간에게 우울은 삶을 새롭게
창조하는 힘이 될 수 있다. 멜랑콜리에는 우울과 우수, 비
애가 두루 담겨 있다.

　나는 젊은 세대가 현대사를 톺아보며 충분히 우울해지
기를 소망한다. 기실 지상파 시사방송마저 '재미'를 좇는
세태야말로 우리를 '우울증'에 내몬다. 우울증은 '우울에
서 매력이 빠진 것'이라는 수전 손택의 말을 빌리자면, '매
력 있는 우울' 또는 우수에 잠겨보길 권하고 싶다.

　청와대 민정수석 시절에 조국은 3·1혁명을 '100년 전
촛불혁명'이라 주장했다. 좀 더 깊이 들여다보면 그것이 단
순한 은유가 아님을 알 수 있다. 법학자 조국은 물론 역사
학자들도 지나쳤지만, 3·1혁명은 실제로 촛불혁명이었다.
1919년 1월 5일부터 2월 22일까지 천도교의 동학인들이
날마다 저녁 9시에 촛불을 밝혔다. '49일 특별기도'를 봉
행한 소설 『100년 촛불』의 장면은 실화다.

　3·1혁명에 앞선 49일 촛불기도는 일상의 굴레를 벗어
나 힘을 모으는 과정이었다. 흔히 동학혁명과 3·1혁명 사
이가 까마득하다고 여기기 십상이지만, 겨우 25년이다.

1987년 6월대항쟁과 2016년 촛불혁명 사이보다 가깝다. 실제로 동학혁명에 나선 20대들이 40대 후반이 되어 3·1혁명에 주도적으로 참여했다. 이 또한 잘 알려져 있지 않은 사실이지만 33인의 대표 손병희는 동학혁명 시기에 녹두 전봉준의 아우로 의형제를 맺었다.

동학혁명과 3·1혁명은 사람을 하늘처럼 섬기고, 더 나아가 사람이 곧 하늘이라는 웅숭깊은 사상으로 이어져 있다. 20대에 동학혁명에 나섰고 40대에 3·1혁명에 나선 천도교 고위 간부들의 촛불 기도에 담긴 그 사상은 단재 신채호를 거쳐 21세기의 촛불혁명으로 연면히 이어져왔다.

3·1혁명의 촛불은 단순히 일제로부터 독립을 주장하지 않았다. 독립해서 어떤 나라를 이룰 것인가를 성찰했다. 우리가 독립해 세울 나라는 일본제국의 행태와 달라야 했다.

그런데 100년이 흐른 2019년, 청와대나 국회에서 일본과 경제전쟁을 다짐하는 정치인들의 언행에선 '깊이'가 보이지 않는다. 일본을 이기자고 한다. 그 심경은 이해하지만 이기고 질 문제가 아니다.

앞선 칼럼 「'조용한 일본인' 귀하」에서 제안했듯이 두 나라의 내일을 열어갈 민중 사이에 연대를 염두에 둔 언행이 아쉽다. 협량한 아베 따위와는 품격이 다른 도덕적 우월성을 지녀야 한다. 대통령의 광복절 경축사에는 모쪼록 그런 내용이 담기길 기대한다.

바로 그렇기에 일본과의 경제전쟁을 내세워 노동정책이 더 후퇴한다면 그것이야말로 저들에 지는 꼴이다. 일본의 부품 기술이 강한 까닭은 현장 노동을 중시한 데서도 찾을 수 있다.

노동인들의 창의성이 자유롭게 구현되는 일터는 일본과의 경제전쟁에 대처는 물론 소득주도성장의 구현을 위해서라도 절실한 과제이다. 노동과의 지지부진한 대화를 더 미루기보다 촛불정신에 걸맞은 새로운 다짐으로 진솔하게 다가서야 옳다.

무릇 국민의 힘을 모을 때 고갱이는 언제나 '민주적 내실'이다. 우리는 이미 100년에 걸쳐 촛불혁명을 다듬어왔다. 그 역사적 성취를 국가 간 승패나 총선의 유·불리 따위로 축소한다면 참으로 속상한 일이다. 광복절의 우수에 잠겨 촛불을 밝히고 쓴다.

___2019. 8. 13.

● 　　　일본이 먼저 걸어온 전쟁이니만큼 이겨야 한다는 주장에 공감합니다. 하지만 대통령과 집권당이 일본의 부당한 '경제 보복'을 '이기고 지는 문제'로 규정하는 모습은 아쉽습니다. 승패의 문제가 아니라 옳고 그름의 문제로 바라보고 대처해야 국가의 품격이 더 높아진다고 생각합니다. 범국민적 힘을 모으기 위해서라도 일본의 행태보다 한 차원 높은 대응이 필요합니다.

촛불이 흔들리는 까닭

20대에 기자를 직업으로 선택했을 때 칼럼을 쓰고 싶었습니다. 편집국장이나 사장이 되고 싶은 생각은 정말이지 없었습니다.

1999년 9월, 처음 기명 칼럼을 쓰기 시작했습니다. 〈한겨레〉 여론매체부장 시절이었는데요. 그 뒤 논설위원을 거쳐 신문사를 나와서도 줄곧 칼럼을 써왔습니다. 기명 칼럼을 써온 지 어느새 옹근 20년을 맞았습니다. 저에게 칼럼은 지식인으로서 최소한의 의무였고 언론노동의 사회적 실천이었습니다.

21세기에 들어와 저널리즘을 둘러싼 조건은 크게 바뀌

었습니다. 인터넷은 종래의 대중매체와 달리 '모든 사람이 언론인'인 시대를 활짝 열었습니다. 저 또한 '민중언론학' 연구자이자 언론인으로 살고 있습니다.

2016년 늦가을부터 이듬해 3월까지 전국 골골샅샅에서 여울여울 타오른 촛불은 언론의 지평을 더 넓혔습니다. 촛불로 대한민국의 민주주의도 한 단계 더 성숙했습니다.

다만 촛불혁명은 정권 교체만으로 끝나지 않습니다. 촛불을 들고 나섰던 민중의 열망이 아직 충족되지 않고 있기에 더 그렇습니다. 민중의 경제적 고통도, 사회 곳곳의 기득권도, 분단 상황도 여전합니다.

'촛불 정부'를 자임한 문재인 정부가 들어섰지만 촛불혁명이 갈 길은 탄탄대로가 아닙니다. 이른바 '진영 논리'가 갈수록 세를 이루며 소모적인 대립이 판칩니다. 문득 이 나라의 내일을 우려하게 됩니다.

2010년대의 끝자락에서 촛불이 흔들리고 있다고 진단하는 마음은 착잡합니다. 그래도, 아니 그래서 더욱 가슴에 희망을 키우고 있습니다. 절망하지 않으려면 촛불의 어둠에도 촛불을 밝혀야 합니다.

무릇 촛불이 흔들리는 까닭은 꺼지지 않기 위해서입니

다. 촛불들이 힘을 모으면 아무리 거센 바람이 불어도 꺼지지 않을 터입니다. 2020년대를 맞으며 그 촛불의 촛불, 촛불의 바다를 꿈꿉니다.

거적눈   1) 윗눈시울이 밑으로 뻗은 눈. 2) 윗눈시울이 밑으로 뻗은 사람.

고갱이   1) 풀·나무에서 줄기 한가운데에 부드럽게 있는 것. 2) 가운데나 복판이 될 만한 곳·자리·것. 또는 가운데나 복판이 될 만큼 뜻있거나 크거나 값있는 사람·살림·것·곳을 가리키는 말.

골골샅샅   어느 하나도 빠지지 않은 곳. 어느 한 곳도 빠지지 않게.

곰비임비   어떤 것·일이 이어서 똑같이 쌓이거나 생기거나 나타나는, 또는 무엇을 이어서 똑같이 하는 모습.

곱새기다   곱으로 새기다. 무엇을 알려고 깊게 자꾸 생각해보다.

남세스럽다   놀림이나 비웃음을 받을 듯해 남 앞에 서거나 고개를 들기 어렵다.

더께   1) 오랫동안 내려앉거나 붙어서 단단하게 모이거나 보기에 안 좋은 것. 2) 자꾸 쌓이거나 붙은 것. 겹으로 된 것.

되우   하거나 이루거나 닿거나 펼 수 있을 만큼. 할 수 있을 만큼 크거나·세거나·지나치게. (=되게)

두남두다   잘잘못이 있을 적에 어느 쪽을 감싸거나 좋게 말하다.

명토박다   어느 사람·것·일을 놓고서 무엇이라고 딱 가리키거나 말을 하다.

모르쇠   무엇이든 모른다고 하거나 구는 짓.

무람없다   말·몸짓을 바르게 지키거나 살피지 않다.

무장   갈수록·할수록·흐를수록 줄거나 그치지 않고서 더·더욱·자꾸.

밑절미   무엇을 이루는 모습이나 생각이 생기게 하는 첫 자리.

바투   1) 둘이 붙다시피. 2) 때·날·길이가 아주 붙다시피.

벅벅이   그러하리라고 생각하는 그대로·꼭·어김없이.

부닐다   가까이에서 부드럽거나 슬겁게 있거나·움직이거나·따르다.

부라퀴   저한테 좋은 일이라 여길 적에는 앞뒤 안 가리고 힘을 다해 뛰어드는 사람.

부르대다   속으로 누르지 못하고 크거나 거칠게 시끄럽게 말하다.

살천스럽다   말·몸짓·낯빛이 매우 차가우면서 날카롭다.

생게망게   때·자리에 안 맞게 갑자기 나서거나 나타나는 모습.

생동생동   오래 지나거나 흘러도 처음 같은 기운이 그대로 있는 모습.

섰   '-는 섰에/-을 섰에' 꼴로 쓰는 말씨로, "그리하지는 못할망정"이나 "도리어·오히려"를 나타내는 말.

숙지근하다   타오르거나 솟구치던 기운이 조금씩 작아지거나 조용하다.

슴벅이다   1) 눈을 감다가 뜨다 하다. ('깜빡이다' 하고 비슷한데, '슴벅이다' 는 눈꺼풀 움직임을 느낄 만하도록 눈을 감다 뜬다면, '깜빡이다' 는 눈꺼풀 움직임을 느낄 만하지 않도록 눈을 감다 뜬다) 2) 눈이나 살 속으로 찌르는 듯해서 좀 싫도록 견디기 어렵다.

시나브로   모르는 사이에 많지 않게 잇달아.

167

시들방귀	볼만하지 않거나 딱히 값어치가 없다고 여기는 것.
싸목싸목	서두르지 않고 살짝 느린 듯하지만 넉넉하면서 따뜻하게. (전라남도 고장말)
애면글면	힘이 몹시 들어도 해내거나 이루려고 끝까지 나서거나 하는 모습.
애오라지	1) 힘·마음을 매우 들여서. (애타게, 애끓게, 애틋하게) 2) 다른 길이나 생각은 할 수 없이. 3) 넉넉하지 못하지만. 마음에 안 차지만.
어금버금하다	꽤 같다고 할 만하다. 똑같지는 않으나 같다고 할 수 있는 대목이 꽤 많다.
어리보기	말이나 몸짓이 또렷하지 못하고 어리석은 사람.
언구럭	듣기 좋은 말로 남을 꾀거나 휘두르거나 갖고 노는 짓.
언죽번죽	사람들 앞에서 어려워하지 않고, 수줍음이나 부끄러움이 없이 구는 모습.
에두르다	1) 둘레를 모두 싸거나 막거나 돌다. (에우다 + 두르다) 2) 곰곰이 생각해서 알도록 돌려서 말하거나 나타내다.
여울여울	불이 부드러우면서 고르게 타는 모습.
옹근(옹글다)	1) 모자라거나 빠진 데가 없이 처음 있는 그대로. 2) 깨지거나 다치거나 망가지거나 사라지지 않고서 처음 그대로 있다. 3) 속이 든든하고 빈틈이 없으면서 힘이 있다.
울뚝밸	차분히 다스리지 못하면서 아무 곳·자리에서나 갑자기 거칠게 터뜨리는 속느낌이나 속마음.
웅숭깊다	1) 생각·마음·뜻·사랑이 깊다. 2) 벌어지지 않고서 깊이 있다.
윤똑똑이	혼자 똑똑한 줄 아는 사람. 참답게 똑똑한 길을 모르고 겉으로 똑똑한 체하는 사람.
적바림	나중에 다시 보거나 살피려고, 이야기나 생각이나 정보를 짤막히 남긴 글·그림· 무늬.
톺아보다	하나하나 차근차근 보거나 알아보다.

(뜻풀이_ 숲노래)